현대 일본어
첫걸음

현대일본어 첫걸음

한국외국어대학교
일본학술도서편찬위원회

HUINE

머리말

1961년에 설립된 한국외국어대학교 일본어대학은 1981년 개설된 글로벌캠퍼스 일본어통번역학과와 더불어 지난 반 세기동안 명실 공히 최고의 일본 관련 전문 교육·연구 기관으로서 일본 전문가 양성에 선구적인 역할을 해왔습니다.

그 동안 우리 편찬위원회에서는 일본어학, 일본문학, 일본학에 관련된 다양한 전문 교재를 개발해 왔습니다. 특히 언어학적인 이론과 방법을 토대로 일본어의 '듣기, 말하기, 읽기, 쓰기'의 4개 영역을 학습하는 초급 일본어 교재 시리즈는 향후 일본어 능력 향상에 기본이 되는 가장 핵심적인 교과서라고 할 수 있습니다.

이제 2013년 새 봄, 본 편찬위원들의 몇 년에 걸친 작업과 논의를 통하여 새로운 초급 강독, 독해 교재 『현대일본어 첫걸음』을 출판하게 되었습니다.

이 책은 지난 1984년에 출간된 『초급 일본어』에 이어 새롭게 개편하는 1학년 강독, 독해 교재로서 그간의 풍부한 교육 경험과 폭넓은 전문지식을 바탕으로 보다 체계적이고 전문적인 초급 교재를 지향하여 완성도 높은 책을 만들고자 노력하였습니다.

실생활과 밀착된 다양한 소재를 통하여 기본 어휘는 물론 일본어 능력 배양에 토대가 되는 필수 문법과 문형을 학습함으로써 일본어를 처음 배우는 학습자들에게 흥미롭고 유익한 교재가 될 것으로 기대합니다. 학습자 여러분의 성원과 정진을 바랍니다.

이 책이 편찬되어 출판되기까지 노고를 아끼지 않으신 여러분께 깊이 감사드립니다.

2013년 2월

한국외국어대학교 일본학술도서편찬위원 일동

목차

第1課

日本語

「な、に、ぬ、ね、の」。
これは「ね」です。ひらがなです。
「ら、り、る、れ、ろ」。
それは「れ」です。「ね」ではありません。

「サ、シ、ス、セ、ソ」。
これは「シ」です。カタカナです。
「タ、チ、ツ、テ、ト」。
それは「ツ」です。「シ」ではありません。

あれはひらがなでもカタカナでもありません。
漢字です。

「にほん」は、ひらがなです。
「ソウル」は、カタカナです。
「韓国」は、漢字です。

語法

＊「名です／名ではありません」

		정중체(丁寧体)	
		긍정(肯定)	부정(否定)
단정 (断定)	현재 (現在)	本です	本ではありません

＊「名でも名でもありません」'-도 -도 아닙니다.'

＊ 지시사 (指示詞)〈사물〉

こ (화자 쪽)	そ (청자 쪽)	あ (둘 다 먼 쪽)	ど (물어볼 때)
これ	それ	あれ	どれ

＊「~は」〈주제(主題)〉'-은 / 는'

＊「~も」〈같은 종류(同類)〉'-도'

＊「~か」〈질문(質問)〉'-(입니)까?'

文 型

1. ~は名です。~も名です。

1) これはほんです。これもほんです。
2) それはノートです。それもノートです。
3) あれはつくえです。あれもつくえです。

2. A : ~は何ですか。
B : ~は名です。

1) これは何ですか。
   それはえんぴつです。
2) それは何ですか。
   これはボールペンです。
3) あれは何ですか。
   あれはまんねんひつです。

3. A : ~も名ですか。
B : はい、(そうです。) ~も名です。
いいえ、(そうではありません。) ~は名です。

1) これもノートですか。
   はい、そうです。それもノートです。
2) それもノートですか。
   いいえ、そうではありません。これはざっしです。
3) あれもざっしですか。
   いいえ、あれはノートです。

4. ~は名でも名でもありません。

1) これはノートでもほんでもありません。
2) それはえんぴつでもボールペンでもありません。
3) あれはひらがなでもカタカナでもありません。

練習

* 다음 글을 일본어로 옮기시오.

1) 이것은 책과 잡지입니다.

2) 이것도 히라가나입니까? 아니요, 그것은 히라가나가 아닙니다.

3) 그것은 무엇입니까? 이것은 잡지입니다.

4) 저것도 잡지입니까? 아니요, 저것은 잡지가 아닙니다.

5) 이것은 연필도 볼펜도 아닙니다. 만년필입니다.

ことば

- 日本語　これ　平仮名　それ　片仮名　あれ　漢字　日本　ソウル　韓国
- 本　ノート　机　何　鉛筆　ボールペン　万年筆　はい　そうだ　いいえ　雑誌

第2課

私たち

わたしは学生です。
あなたも学生です。
あの人もこの学校の学生です。
わたしたちはみんなこの学校の学生です。

この人はわたしの友だちです。
あの人もわたしの友だちです。
わたしたちはみんな友だちです。

この方は日本語の先生です。
あの方も日本語の先生です。
この方も、あの方も、みんなこの学校の先生です。
わたしたちの先生です。

語法

＊ 지시사(指示詞) 〈명사수식〉

こ (화자 쪽)	そ (청자 쪽)	あ (둘 다 먼 쪽)	ど (물어볼 때)
この 名	その 名	あの 名	どの 名

＊「名の名」'-(의)'

「私の本」
「日本語の本」

＊ 인칭대명사(人称代名詞)

1인칭	2인칭	3인칭	의문사
私(わたし・ わたくし) 僕(ぼく)	あなた ~さん・~ちゃん・~君(くん) 先生(せんせい)・社長(しゃちょう)	彼(かれ)・彼女(かのじょ) この人(ひと)(方(かた)) その人(方) あの人(方)	誰(だれ) どなた

＊「~たち」〈복수(複数)〉'-들'

文 型

1. ~は~の~です。

1) これは私のほんです。
2) それは金さんのノートです。
3) あれは先生のボールペンです。

2. A : ~は何の~ですか。
B : ~は~の~です。

1) これは何の本ですか。
   それは日本語の本です。
2) それは何のノートですか。
   これは英語のノートです。
3) あれは何の花ですか。
   あれはさくらです。

3. A : あの人 (方) はだれ(どなた)ですか。
B : あの~は~の~です。

1) あの人はだれですか。
   あの人は私の友だちです。
2) あの方はどなたですか。
   あの方はこの学校の先生です。
3) あの方はどなたですか。
   あの方は僕の会社の社長です。

練習

＊다음 ( ) 안의 단어를 배운 단어 중에서 다른 단어로 바꾸어 봅시다.

1) これは(私)の(ほん)です。

2) それは(日本)の (雑誌)です。

3) あれは(金さん)の(ノート)ではありません。

4) あの方は(日本語)の(先生)ですか。
いいえ、あの方は (英語)の (先生)です。

5) 私は(この)(会社)の(社長)です。

ことば

- 私たち　私　学生　あなた　あの　人　学校　この　みんな　友だち　方
- ～さん　何の　英語　花　桜　誰　どなた　僕　会社　社長

第3課

東京

ここは東京(とうきょう)です。せいかいはどれですか。

□ 東京は日本のしゅとです。

□ 東京は日本のきたにあります。

□ 東京にはぜんぶで23(にじゅうさん)の区があります。

□ 東京のじんこうは1300(せんさんびゃく)万人以下です。

□ 東京のむかしのなまえは「江戸(えど)」です。

□ 東京には東京ディズニーランドがあります。

□ 東京の上野(うえの)動物園にはパンダがいます。

□ 東京にはおんせんはありません。

語法

＊「います／いません」
〈사람 및 동물의 존재(움직이는 것)의 유무〉를 나타낸다.

＊「あります／ありません」
〈사람 및 동물 이외의 존재(움직이지 않는 것)의 유무〉를 나타낸다.

＊ 지시사(指示詞)〈장소〉

こ	そ	あ	ど
ここ	そこ	あそこ	どこ

＊「～に」〈장소(場所)〉 '-에'

＊「～が」〈주어(主語)〉 '-이 / 가'

文型

1. ~に名があります / ありません

1) ここにいすがあります。
2) そこに私の本があります。
3) あそこには何もありません。

2. ~に名がいます / いません

1) ここに学生たちがいます。
2) あそこにねこがたくさんいます。
3) きょうしつにはいま誰もいません。

練習

＊다음 글의 (　) 안에 「あります」「います」를 맞게 써 넣으시오.

1) ここにボールペンが(　　　　　　　　　　　　　　　　)。

2) きょうしつにはだれも(　　　　　　　　　　　　　　　　)。

3) かんじのテストが(　　　　　　　　　　　　　　　　)。

4) どうぶつえんにはたくさんどうぶつが(　　　　　　　　　　)。

5) にほんごのせんせいはいまにほんに(　　　　　　　　　　)。

ことば

- ここ　東京　正解　どれ　首都　北　全部で　~区　あります　人口　~万　~人　以下　昔　名前　江戸　ディズニーランド　上野　動物園　パンダ　います　温泉　ありません
- 椅子　そこ　あそこ　何も　猫　たくさん　教室　今　誰も

第4課

四季

日本には四季があります。

3月から5月は春です。
春はあたたかいです。もうさむくありません。
春はあたらしいスタートのきせつです。

6月から8月は夏です。
夏はあついです。とてもむしあついです。
夏はまつりとはなびたいかいが多いきせつです。

9月から11月は秋です。
秋はすずしいです。
秋はもみじがうつくしいきせつです。

12月から2月は冬です。
冬はさむいです。
あたたかいこたつがこいしいきせつです。

語法

＊い形容詞

기본형은「～い」이며, 같은「～い」형태로 체언을 수식한다.

「い形(～い)名詞」「あたたかい春」

「い形(～い)です／い形(～く)ありません」

		정중체(丁寧体)		기본형(基本形)
		긍정(肯定)	부정(否定)	
단정 (断定)	현재 (現在)	あたたかいです	あたたかくありません	あたたかい

＊「～や～など」〈병렬(並列)〉'-(이)랑 -등'

＊「～から」〈출발점(起点)〉'-(에서)부터'

＊「～と」〈나열(並列)〉'-와 / 과'

＊「～月」〈달 읽기〉

いちがつ 一月	にがつ 二月	さんがつ 三月	しがつ 四月	ごがつ 五月	ろくがつ 六月
しちがつ 七月	はちがつ 八月	くがつ 九月	じゅうがつ 十月	じゅういちがつ 十一月	じゅうにがつ 十二月

文型

1. い形(~い)名

1) あたらしいノート
2) すずしいかぜ
3) うつくしい花

2. い形(~い)です

1) こたつはあたたかいです。
2) 韓国料理はおいしいです。
3) 日本語の勉強はたのしいです。

3. い形(~く)ありません

1) 東京の冬はさむくありません。
2) この本はあまりおもしろくありません。
3) あのレストランはあまりおいしくありません。

練習

＊다음 글을 일본어로 옮기시오.

1) 이곳은 가을부터 춥습니다.

2) 여기에 새 책과 노트가 있습니다.

3) 서울의 여름은 별로 무덥지 않습니다.

4) 저 레스토랑의 요리는 아주 맛있습니다.

5) 봄의 꽃도 가을의 단풍도 모두 아름답습니다.

ことば

- 四季　春　暖かい　もう　寒い　新しい　スタート　季節　夏　暑い　とても　蒸し暑い　祭り　花火大会　多い　秋　涼しい　紅葉　美しい　冬　寒い　こたつ　恋しい
- 風　料理　おいしい　勉強　楽しい　あまり　面白い　レストラン

第5課

誕生日

父のたんじょうびは、3月20日です。
きゅうれきで3月20日です。
きゅうれきですから、まいとしおなじ日ではありません。

おとといは4月15日でした。
きょねんは5月3日でした。
ことしは4月10日です。
らいねんは4月29日です。
さらいねんは4月19日です。

ぼくのたんじょうびも3月20日で、父とおなじ日です。
でも、ぼくのたんじょうびはしんれきです。
しんれきですから、まいとしおなじ日です。

語法

＊「名でした／名ではありませんでした」

		정중체(丁寧体)	
		긍정(肯定)	부정(否定)
단정(断定)	과거(過去)	たんじょうびでした	たんじょうびではありませんでした

＊「～は名で、～は名です」

「これはほんです。それはノートです。」

→「これはほんで、それはノートです。」

＊「～から」〈이유・원인(原因・理由)〉'-때문에'

＊「～日」〈날짜 읽기〉

ついたち 一日	じゅういちにち 十一日	にじゅういちにち 二十一日	さんじゅういちにち 三十一日
ふつか 二日	じゅうににち 十二日	にじゅうににち 二十二日	
みっか 三日	じゅうさんにち 十三日	にじゅうさんにち 二十三日	
よっか 四日	じゅうよっか 十四日	にじゅうよっか 二十四日	
いつか 五日	じゅうごにち 十五日	にじゅうごにち 二十五日	
むいか 六日	じゅうろくにち 十六日	にじゅうろくにち 二十六日	
なのか 七日	じゅうしちにち 十七日	にじゅうしちにち 二十七日	
ようか 八日	じゅうはちにち 十八日	にじゅうはちにち 二十八日	
ここのか 九日	じゅうくにち 十九日	にじゅうくにち 二十九日	
とおか 十日	はつか 二十日	さんじゅうにち 三十日	

＊ 一昨年(おととし) → 去年(きょねん) → 今年(ことし) → 来年(らいねん) → 再来年(さらいねん)

＊ おととい → 昨日(きのう) → 今日(きょう) → あした → あさって → しあさって

文型

1. 名でした

1) きのうは父のたんじょうびでした。
2) 木村さんはむかし、学校の先生でした。
3) おとといは9月8日で、かいこうきねんびでした。

2. 名ではありませんでした

1) きのうはやすみではありませんでした。
2) ここはむかし、学校ではありませんでした。
3) 僕はきょねんは、だいがくせいではありませんでした。

3. ~は名で、~は名です

1) これは本で、それは雑誌です。
2) 私は学生で、あの方は先生です。
3) きょうは5月5日で、「こどもの日」です。

練習

＊올해 달력을 보고 다음 (　) 안에 알맞은 날짜를 넣고 읽으시오.

1) きょうは(　　月　　日)です。

2) きのうは(　　月　　日)でした。

3) 私のたんじょうびは(　　月　　日)です。

4) ことしのきゅうれきの正月(しょうがつ)は(　　月　　日)でした。

5) (　　月　　日)はかいこうきねんびで、やすみです。

ことば

- 父　誕生日　旧暦　毎年　同じ　日　一昨年　去年　今年　来年　再来年　でも　新暦
- 昨日　大学　おととい　開校記念日　休み　大学生　今日　子供　正月

第6課

兄弟

私は四人兄弟です。
兄と姉と妹がいます。

兄は32歳で、新聞社の記者です。
やさしくてまじめです。

姉は27歳で、大学院生です。
専攻は日本文学です。
すこしマイペースですが、わがままではありません。

妹は私とおなじ大学一年生です。
私と妹はふたごです。
性格も趣味も正反対ですが、とても仲がいいです。

私は私の兄弟が大好きです。

語法

＊ な形容詞

기본형은「～だ」이며,「～な」형태로 명사를 수식한다.

「な形(～)な名詞」「まじめな人」

「な形(～)です／な形(～)ではありません」

		정중체(丁寧体)		기본형(基本形)
		긍정(肯定)	부정(否定)	
단정(断定)	현재(現在)	まじめです	まじめではありません	まじめだ

＊「な形(～)で」

な形	(～)で	わがままです。マイペースです。 → わがままで、マイペースです。

＊「い形(～く)て」

い形	(～く)て	やさしい。いいです。 → やさしくていいです。

＊「～が、」〈역접(逆接)〉'-(이)지만'

＊「～が好きだ」'-(을)를 좋아하다'

＊「～人」〈사람 수 세기〉

ひとり 一人	ふたり 二人	さんにん 三人	よにん 四人	ごにん 五人
ろくにん 六人	しちにん 七人	はちにん 八人	きゅうにん 九人	じゅうにん 十人

文型

1. な形 (~) な名

1) まじめな学生
2) わがままな性格
3) 大好きな韓国料理

2. な形 (~) です

1) 李さんはきれいです。
2) 教室の中は静かです。
3) 私は日本料理が好きです。

3. な形 (~) ではありません

1) 猫はあまり好きではありません。
2) あの会社の社長はまじめではありません。
3) あそこのトイレはきれいではありません。

練習

＊다음 글을 일본어로 옮기시오.

1) 내가 좋아하는 계절은 봄입니다.

2) 이곳 화장실은 별로 깨끗하지 않습니다.

3) 이곳은 여름은 덥습니다만 겨울은 춥지 않습니다.

4) 저 두 사람은 쌍둥이지만 성격도 취미도 정반대입니다.

5) 나는 자상하고 조용한 성격의 사람을 좋아합니다.

ことば

- 兄弟　四人　兄　姉　妹　～歳　新聞社　記者　優しい　真面目だ　大学院生　専攻　文学　少し　マイペースだ　わがままだ　同じ　一年生　双子　性格　趣味　正反対だ　仲　良い　大好きだ
- きれいだ　静かだ　好きだ　トイレ

第7課

しりとり

□ね　（年上の女兄弟）

▼

□こ　（犬と仲が悪い動物）

▼

□□し　（去年の次に来る年）

▼

□□□□き　（新しく始まる学期）

▼

□□ゃ　（新聞や放送などで取材をする人）

▼

□□□い　（思いやりがある）

▼

□□□と　（年下の女兄弟）

▼

□□□ち　（いっしょに遊ぶ親しい人）

語法

＊ 動詞

기본형의 끝음이 [-u]로 끝난다.

활용형식에 따라 다음 세 가지로 나뉜다.

① [-u動詞] : 아래의 ②와 ③을 제외한 모든 동사.

② [-ru動詞] : 어미가 [-iru] 또는 [-eru]로 되는 것.

③ 불규칙동사 : 「する」「くる」

「動(〜u, 〜ru)名詞」「来る人」

「動(〜i, 〜)ます」

기본형(基本形)		정중체(丁寧体)	
		긍정(肯定)	부정(否定)
-u動詞	行く 遊ぶ(놀다)	行きます 遊びます	行きません 遊びません
-ru動詞	見る(보다) 食べる(먹다)	見ます 食べます	見ません 食べません
する	する(하다)	します	しません
くる	来る(오다)	来ます	来ません

＊「い形(〜く)」〈부사형(副詞形)〉「新しい」→「新しく始まる。」

＊「〜に」〈시간(時間)〉'-에'

＊「〜で」〈장소(場所)〉'-에서'

＊「〜を」〈대상(対象)〉'-(을)를'

文型

1. 動詞 (~u, ~ru) 名詞

1) ゆく年くる年
2) 学校が始まる日
3) パンダがいる動物園

2. 動詞 (~ i, ~) ます

1) 学校は3月に始まります。
2) 韓国で日本の放送を見ます。
3) 新聞記者は記事の取材をします。
4) 暖かい春の次に暑い夏が来ます。

練習

＊다음 빈 칸에 맞는 동사의 종류와 활용형을 써 넣으시오.

기본형	동사의 종류	「~ます」	「~ません」
起(お)きる(일어나다)			
食(た)べる(먹다)			
行(い/ゆ)く(가다)			
勉強(べんきょう)する(공부하다)			
話(はな)す(말하다)			
聞(き)く(듣다)			
見(み)る(보다)			
来(く)る(오다)			
寝(ね)る(자다)			

ことば

- しりとり　年上　女　犬　次　来る　年　始まる　学期　放送　取材　思いやり　ある　年下　いっしょに　遊ぶ　親しい
- 記事　行く　見る　起きる　食べる　話す　聞く　寝る

第8課

さよならセール

5年間の留学生活が終わり、国へ帰ります。
それで、家電や自転車などをやすく売ります！
どれもきずがなくて、きれいです。

14インチテレビ、ノートパソコン、エアコン、
机と椅子(別々には売りません)、自転車(赤)

連絡先はこちらです。
080－1234－5678
または、メールでも受け付けます。
sayonara@japanmail.com

よろしくお願いします。

語法

＊「動(～i, ～)ません」

기본형(基本形)		정중체(丁寧体)	
		긍정(肯定)	부정(否定)
-u動詞	売る(팔다) ＊帰る(돌아오(가)다)	売ります 帰ります	売りません 帰りません
-ru動詞	見る(보다) 食べる(먹다)	見ます 食べます	見ません 食べません
する	する(하다)	します	しません
くる	来る(오다)	来ます	来ません

※「帰る」는 예외동사.

＊「動(～i, ～)、」〈중지형(中止形)〉

「冬休みが終わる。」→「冬休みが<u>終わり</u>、学期が始まる。」

＊ 지시사 (指示詞)〈방향〉

こ	そ	あ	ど
こちら こっち	そちら そっち	あちら あっち	どちら どっち

＊「0～10」〈숫자 읽기〉

0	1	2	3	4	5
ゼロ／れい	いち 一	に 二	さん 三	し／よん 四	ご 五
	6	7	8	9	10
	ろく 六	なな／しち 七	はち 八	きゅう 九	じゅう 十

＊「～へ」〈방향(方向)〉 '-(으)로'

＊「～でも」〈「で」(방법・수단)＋「も」〉 '-(으)로도'

文 型

1. 動(~i, ~)ません

1) 妹は日本に行きません。
2) 私はあまりテレビを見ません。
3) あのドラマは韓国では放送しません。
4) 僕はあした来ません。

2. 動(~i, ~)〈中止形〉

1) 仕事が終わり、家へ帰ります。
2) 学校が始まり、毎日忙しいです。
3) いっしょに笑い、いっしょに泣く。そんな友だちが本当の友だちです。

練習

＊다음 글을 일본어로 옮기시오.

1) 그 사람은 잘 웃지 않습니다.

2) 저는 라디오는 듣지 않습니다.

3) 제 전화번호는 090-1234-5678입니다.

4) 이 책상과 의자는 따로따로 팔지 않습니다.

5) 3월부터 학교생활이 끝나고 사회생활이 시작됩니다.

ことば

- さよなら　セール　～年間　留学　生活　終わる　国　帰る　それで　家電　自転車　など　安い　売る　どれも　きず　ない　インチ　テレビ　ノートパソコン　エアコン　別々に　赤　連絡先　メール　受け付ける
- 仕事　家　毎日　忙しい　笑う　泣く　そんな　本当

第9課

サークル

いっしょにテニスをしましょう！

私たちは大学のテニスサークル「エース」です。
メンバーは34人、初心者から経験者まで、いろいろな人がいっしょに練習するアットホームなサークルです！
練習は週2回、水曜日は午後5時半から7時半まで、土曜日は午前10時から12時までやります。
シングルやダブルスのゲームもします。

まずは「体験参加」から始めませんか。
歓迎します！
テニスサークル「エース」で最高の思い出を作りましょう！

語法

＊「動(～i, ～)ませんか／動(～i, ～)ましょう」

기본형(基本形)		'-하지 않겠습니까?'	'-합시다.'
-u動詞	作(つく)る(만들다)	作りませんか	作りましょう
-ru動詞	始(はじ)める(시작하다)	始めませんか	始めましょう
する	する(하다)	しませんか	しましょう
くる	来(く)る(오다)	来ませんか	来ましょう

＊「～曜日」〈요일 읽기〉

げつようび 月曜日	かようび 火曜日	すいようび 水曜日	もくようび 木曜日	きんようび 金曜日	どようび 土曜日	にちようび 日曜日

＊「～時」〈시간 읽기〉

いちじ 一時	にじ 二時	さんじ 三時	よじ 四時	ごじ 五時	ろくじ 六時
しちじ 七時	はちじ 八時	くじ 九時	じゅうじ 十時	じゅういちじ 十一時	じゅうにじ 十二時

＊「～まで」〈도착점(着点)〉 '-까지'

文型

1. 動 (~i, ~) ませんか

1) A : 夏休みに日本へ行きませんか。
   B : いいですね。
2) あしたから韓国語の勉強を始めませんか。
3) 月曜日から金曜日までいっしょに練習しませんか。
4) 夏祭りを見に来ませんか。

2. 動 (~i, ~) ましょう

1) もう10時です。そろそろ帰りましょう。
2) 何か食べましょう。
3) A : 今日は図書館で勉強しましょう。
   B : そうしましょう。
4) 来年もいっしょに来ましょう。

練習

* 다음 글을 일본어로 옮기시오.

1) 책을 많이 읽읍시다.

2) 교실에서는 조용히 합시다.

3) 함께 차(お茶)라도 마시지 않을래요?

4) 내일부터 함께 테니스를 하지 않겠습니까?

5) 일본어 시간에는 일본어로 이야기합시다.

ことば

- サークル テニス エース メンバー 初心者 経験者 いろいろだ 練習する アットホームだ 週 ~回 水曜日 午後 ~時 半 土曜日 午前 やる シングル ダブルス ゲーム まず 体験 参加 始める 歓迎する 最高 思い出 作る
- そろそろ 図書館 お茶

第10課

風邪

昨日、風邪をひきました。
熱はないけど、いちおう薬を飲みました。
時間がなくて病院には行きませんでした。

今日も風邪で食欲がありません…それで、朝から水だけです。
なんとなく体がだるいです。
午前中は家でゴロゴロしました。
来週「日本文化の理解」の発表があるので、午後は大学の図書館へ行きました。
でも、あまり勉強は進みませんでした。
あー、もう1時… 今日はもう寝ます。
またあした。おやすみなさい。

語法

＊「動(～ i, ～)ました ／ 動(～ i, ～)ませんでした」

기본형(基本形)		과거(過去)	
		긍정(肯定)	부정(否定)
-u動詞	飲む (마시다)	飲みました	飲みませんでした
-ru動詞	寝る(자다)	寝ました	寝ませんでした
する	する(하다)	しました	しませんでした
くる	来る(오다)	来ました	来ませんでした

＊「～だけ」〈한정(限定)〉 '-뿐, -만'

＊「～で」〈이유・원인(原因・理由)〉 '-(으)로'

＊「～ので」〈이유・원인(原因・理由)〉 '-때문에'

＊「～けど／～けれど／～けれども」〈역접(逆接)〉 '-이(하)지만'

文型

1. 動(~i, ~)ました

1) 食欲はないけど、がんばって食べました。
2) 昨日、友だちと日本の映画を見ました。
3) あした試験があるので、図書館で勉強しました。
4) 去年の9月に韓国に来ました。

2. 動(~i, ~)ませんでした

1) カラオケに行きましたが、私は歌いませんでした。
2) A : 李さんを見ませんでしたか。
   B : 今日はまだ…。
3) 今日はテニスの練習に参加しませんでした。
4) 昨日は誰からもメールが来ませんでした。

練習

＊ 다음 빈 칸에 맞는 동사의 종류와 활용형을 써 넣으시오.

기본형	동사의 종류	「~ました」	「~ませんでした」
起きる(일어나다)			
食べる(먹다)			
行く(가다)			
勉強する(공부하다)			
話す(말하다)			
聞く(듣다)			
見る(보다)			
来る(오다)			
寝る(자다)			

＊ 다음 글을 지시대로 바꾸시오.

1) 友だちに話す。〈과거・부정〉(　　　　　　　　　　　　)。
2) 新しいかばんを買う。〈과거・긍정〉(　　　　　　　　　　　　)。
3) 熱がある。〈과거・긍정〉(　　　　　　　　　　　　)。
4) 韓国から来る。〈과거・긍정〉(　　　　　　　　　　　　)。
5) メールで連絡する。〈과거・부정〉(　　　　　　　　　　　　)。

ことば

- 風邪をひく　熱　一応　薬　時間　病院　食欲　朝　水　~だけ　なんとなく　体　だるい　午前中　ゴロゴロ　来週　日本文化　理解　発表　進む　また　お休みなさい
- 頑張る　映画　試験　カラオケ　歌う　まだ

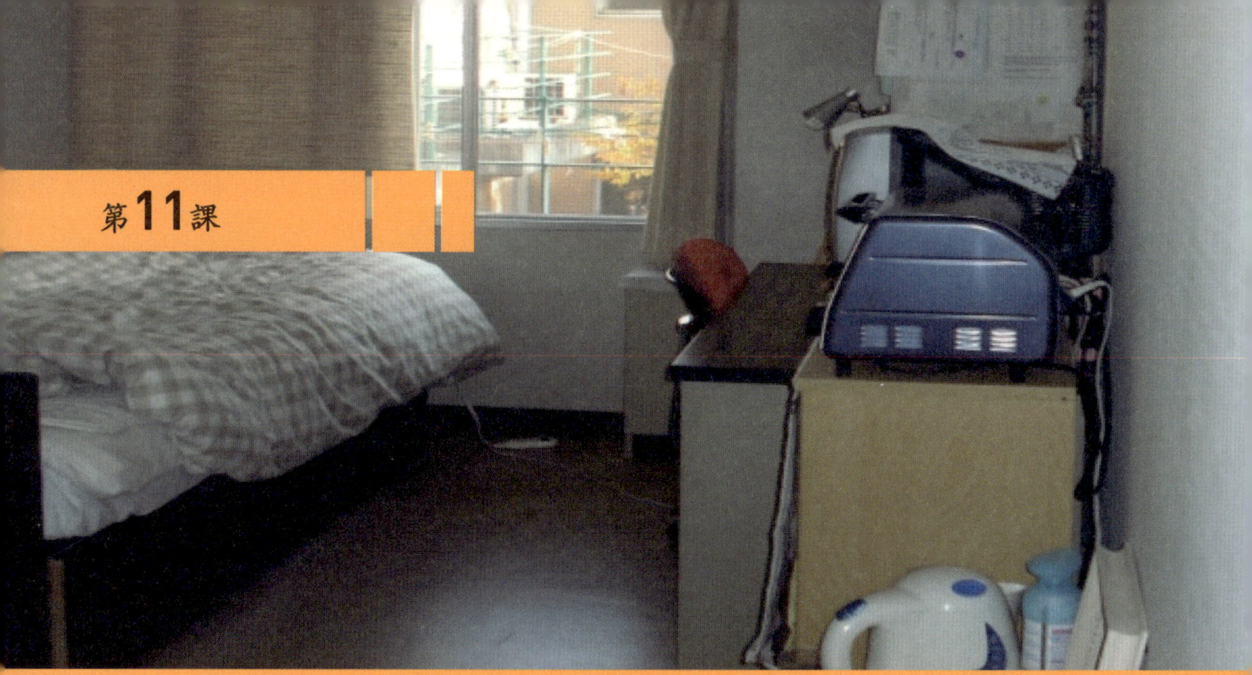

第11課

一人暮らし

私は今年の3月から一人暮らしを始めました。
引っ越す前は 一人暮らしが楽しみでした。
でも、初めての一人暮らしは、洗濯や料理や掃除など、やることもいっぱいで、楽ではありませんでした。
特に、最初の一ヶ月は、とても辛かったです。
電話で親の声を聞くたびに涙が出ました。
今は、勉強やサークルなど、学校の生活に少し慣れました。
家族といる時が一番幸せで、やっぱり安心です。

お父さん、お母さん、ありがとうございます！

語法

＊「な形(～)でした／な形(～)ではありませんでした」

<table>
<tr><th colspan="2" rowspan="2"></th><th colspan="2">정중체(丁寧体)</th><th rowspan="2">기본형(基本形)</th></tr>
<tr><th>긍정(肯定)</th><th>부정(否定)</th></tr>
<tr><td rowspan="2">단정
(断定)</td><td>현재
(現在)</td><td>楽です</td><td>楽ではありません</td><td rowspan="2">楽(らく)だ</td></tr>
<tr><td>과거
(過去)</td><td>楽でした</td><td>楽ではありませんでした
楽ではなかったです</td></tr>
</table>

＊「い形(～かっ)たです／い形(～く)ありませんでした」

<table>
<tr><th colspan="2" rowspan="2"></th><th colspan="2">정중체(丁寧体)</th><th rowspan="2">기본형(基本形)</th></tr>
<tr><th>긍정(肯定)</th><th>부정(否定)</th></tr>
<tr><td rowspan="2">단정
(断定)</td><td>현재
(現在)</td><td>辛いです</td><td>辛くありません</td><td rowspan="2">辛(つら)い</td></tr>
<tr><td>과거
(過去)</td><td>辛かったです</td><td>辛くありませんでした
辛くなかったです</td></tr>
</table>

文型

1. な形(~)でした

1) 引っ越しは大変でした。
2) 彼女はとてもまじめでした。
3) 子供の時は運動が好きでした。

2. な形(~)ではありませんでした

1) 交通はあまり便利ではありませんでした。
2) あの人は昔は全然有名ではありませんでした。
3) あそこのトイレはあまりきれいではありませんでした。

3. い形(~かっ)たです

1) 去年の冬はとても寒かったです。
2) あの店のうどんはとてもおいしかったです。
3) 日本語の試験はわりあいやさしかったです。

練習

＊다음 글을 일본어로 옮기시오.

1) 그 가게 케이크는 정말 맛있었습니다.

2) 당신과 함께 있을 때가 가장 행복했습니다.

3) 학생일 때는 별로 운동을 좋아하지 않았습니다.

4) 여기는 10년 전까지는 교통이 별로 편리하지 않았습니다.

5) 대학교 1학년 때 혼자 생활에 익숙해지기까지 매우 힘들었습니다.

ことば

- 一人暮らし　引っ越す　前　楽しみ　初めて　洗濯　掃除　いっぱいだ　楽だ　特に　最初　一ヶ月　辛い　電話　親　声　～たびに　涙　出る　慣れる　家族　一番　時　幸せだ　やっぱり　安心だ
- 大変だ　運動　交通　便利だ　全然　有名だ　店　うどん　わりあい　易しい

第12課

性格テスト

テレビの見方でも、その人の性格が分かります。あなたはどんな見方をしますか？

A. チャンネルを次々と変える。
B. いちいち評価しながら見る。
C. クイズ番組の時、答えを言いながら見る。
D. 家にいる時はずっとテレビを見る。

あなたの性格は？

A. せっかちで短気な性格。もう少し気長に考えましょう。
B. 人に厳しい性格。相手を気遣うやさしさが必要です。
C. 明るくて率直な性格。でも、人の秘密は守りましょう。
D. 寂しがりや。一人でいるより友だちや家族で過ごす時間を増やしましょう。

語法

＊「動(～i, ～)ながら」〈동시동작(同時動作)〉‘-하면서’

기본형(基本形)		「～ながら」
-u動詞	言う (말하다)	言いながら
-ru動詞	見る(보다)	見ながら
する	する(하다)	しながら
くる	来る(오다)	来ながら

＊ 지시사(指示詞)〈속성〉

こ	そ	あ	ど
こんな 名	そんな 名	あんな 名	どんな 名

＊「な形(～)に」〈부사형(副詞形)〉

「静かだ。」→「静かにしましょう。」

＊「～より」〈비교(比較)〉‘-보다’

＊「～が分かる」‘-(을)를 알다’

文型

1. 動 (~i, ~) ながら

1) お茶でも飲みながら話しましょう。
2) 私はラジオを聞きながら仕事をします。
3) テレビを見ながらご飯を食べるのはよくありません。

2. な形 (~) に

1) 教室をきれいに掃除しました。
2) 図書館では静かにしましょう。
3) 何でも気長にやるのがいいです。

3. ~が分かる

1) A : 日本語が分かりますか。
   B : はい、少し分かります。
2) 彼女の性格がよく分かりません。
3) 一人暮らしの辛さがよく分かりました。

練習

＊다음 글을 일본어로 옮기시오.

1) 교실 안을 깨끗하게 청소합시다.

2) 이 분을 알아요? 아니오, 전혀 모릅니다.

3) 나는 매일아침 밥을 먹으면서 뉴스를 듣습니다.

4) 여동생은 언제나 음악을 들으면서 공부를 합니다.

5) 아르바이트를 하면서 공부를 하는 것은 힘든 일입니다.

ことば

- 性格　見方　分かる　どんな　チャンネル　次々と　変える　いちいち　評価する　クイズ　番組　答え　言う　ずっと　せっかちだ　短気だ　気長だ　考える　厳しい　やさしさ　必要だ　明るい　率直だ　秘密　守る　寂しがりや　過ごす　増やす

第13課

嫌な時間帯

日本の20代の女性約600名に、平日のもっとも嫌な時間帯について聞きました。

アンケートの結果、一位は「朝起きる時　」(51%)、2位は「通勤時間」(14%)、3位は「ランチの後の午後の会議」(10%)でした。

まず、「朝起きる時」が嫌な人は、「朝早く起きるのがつらい。」「眠くてしょうがない。」などと答えました。次に、「通勤時間」が嫌な人は、「満員電車がきつい。」「会社に行く前の準備がたいへんだ。」などと答えました。最後に「ランチの後の午後の会議」が嫌な人は「なんとなく長く感じる時がある。」「お腹いっぱいで眠い。」などと答えました。

みなさんはどうですか。平日のもっとも嫌な時間帯はいつですか。

語法

＊「い形(〜い)。」

		보통체(普通体)		기본형(基本形)
		긍정(肯定)	부정(否定)	
단정(断定)	현재(現在)	辛い	辛くない	辛い

＊「な形(〜)だ。」

		보통체(普通体)		기본형(基本形)
		긍정(肯定)	부정(否定)	
단정(断定)	현재(現在)	大変だ	大変ではない	大変だ

＊「〜に」〈받는 사람(受け手)〉 '-에게'

＊「〜について」 '-에 대하여'

＊「〜と」〈인용(引用)〉 '-라고'

＊숫자「百〜万」

ひゃく 百	にひゃく 二百	さんびゃく 三百	よんひゃく 四百	ごひゃく 五百
ろっぴゃく 六百	ななひゃく 七百	はっぴゃく 八百	きゅうひゃく 九百	せん 千
一千 いっせん	一万 いちまん	じゅうまん 十万	ひゃくまん 百万	いっせんまん 一千万

文型

1. い形 (~い)。

1) 男はつらいよ。
2) 日本の夏は蒸し暑い。
3) 体がだるくてしょうがない。

2. な形 (~) だ。

1) 映画が好きだ。
2) 僕は洗濯と掃除がきらいだ。
3) 朝7時までに通勤するのは大変だ。

練習

＊ 다음 글을 일본어로 옮기시오.

1) 내가 가장 좋아하는 한국 음식은 김치찌개입니다.

2) 일본어 선생님에게는 일본어로 이야기합니다.

3) 배가 부르고 졸려서 어떻게 할 수 없다.

4) 런치 후의 회의보다 런치 전의 회의가 더 싫다.

5) 많은 사람들이 '아침에 일어날 때가 가장 괴롭다'고 대답했습니다.

ことば

• 嫌だ　時間帯　～代　女性　～名　平日　もっとも　嫌だ　アンケート　結果　～位　通勤　ランチ　後　会議　早い　眠い　しょうがない　など　答える　満員　電車　きつい　準備　最後　なんとなく　長い　感じる　お腹　いつ

第14課

天気予報

昨日から今日の午前中まで九州（きゅうしゅう）は雨が続きました。

24時間の降水量が200ミリ以上の所もあります。

現在、九州の雨は止みましたが、中国（ちゅうごく）・四国（しこく）から関東（かんとう）にかけては雨です。

西日本は今日いっぱい雨、風ともに強いでしょう。

四国は夜遅くまで、近畿は夜からあしたの明け方まで、非常に激しい雨が降る見込みです。

西日本は、あしたは天気が回復に向かい、晴れて爽やかでしょう。

あしたは西日本の雨雲がゆっくりと東へ進むでしょう。

関東はあしたも雨が続く見込みです。

語法

* 名
な形(～)
い形(～い)
動(～ u, ～ ru)
} でしょう 〈추량표현(推量表現)〉

기본형(基本形)		「~でしょう」
名	本(ほん)	本でしょう
な形	爽(さわ)やかだ	爽やかでしょう
い形	強(つよ)い	強いでしょう
動	降(ふ)る 晴(は)れる する 来る	降るでしょう 晴れるでしょう するでしょう 来るでしょう

* 「～にかけて」'-에 걸쳐서'

文型

1. ~でしょう

1) 今日は金さんのお誕生日でしょう。

2) A : あれ、新しい映画館でしょう。

   B : はい、先週オープンしました。

3) 李さんは日本に10年いました。きっと日本語が上手でしょう。

4) A : ファーストフード、好きじゃないでしょう 。

   B : ええ、あまり好きじゃないです。

5) 一人暮らしは寂しいでしょう。

6) A : 来週は忙しいでしょう。

   B : はい、引っ越しがあります。

7) 7時までにはテニスの試合も終わるでしょう。

8) A : 李さんもたぶん金さんの誕生日パーティーに行くでしょう。

   B : ええ、行きますよ。

練習

＊다음 글을 일본어로 옮기시오.

1) 다음 주부터는 시험이지요.

2) 평일에는 도서관이 학생들로 꽉 차겠지요.

3) 다나카씨는 올해 여름 일본에 돌아가겠지요.

4) 가족과 있는 것이 역시 가장 안심이 되고 행복하겠지요.

5) 부산은 어제부터 오늘 오전에 걸쳐서 강한 비바람이 계속되겠지요.

ことば

- 天気 予報 九州 雨 続く 降水量 以上 所 現在 止む 中国 四国 関東 西 風 ともに 強い 夜 遅く 近畿 明け方 非常に 激しい 降る 見込み 回復 向かう 晴れる 爽やかだ 雨雲 ゆっくりと 東
- 先週 オープンする きっと 上手だ ファーストフード 試合

第15課

箸

世界の約3割の人が箸で、4割が手で、残りの3割がナイフとフォークで食事をする。

これは食べ物の違いと関係がある。米や麺が主食で、つかむ食べ物が多い国では箸を使うことが多い。

韓国と日本と中国はみんな箸を使うが、その材質や使い方は同じではない。

日本の箸は木で、先が細いものが多い。これは、骨のある魚を食べる時に便利である。ご飯もスープもすべて箸を使う。

中国の箸は日本のものほど細くない。少し長くてテーブルでメインディッシュを取るのに便利だ。

韓国の箸は金属のものが多い。キムチや焼き肉などの食べ物には金属の方が便利である。韓国ではご飯を食べる時はスプーンを使い、箸はおかずを食べる時に使う。

語法

＊「な形(～)だ・である／な形(～)ではない」

		보통체(普通体)		기본형(基本形)
		긍정(肯定)	부정(否定)	
단정 (断定)	현재 (現在)	好きだ 好きである	好きではない	好(す)きだ

＊「い形(～く)ない」

		보통체(普通体)		기본형(基本形)
		긍정(肯定)	부정(否定)	
단정 (断定)	현재 (現在)	細い	細くない	細(ほそ)い

＊「～ほど」〈정도(程度)〉 '-정도로'

＊「～のに」〈목적(目的)〉 '-하는 데에'

＊「動(～i, ～)方」〈방법(方法)〉 '-(하는) 방법'

文型

1. な形(~)だ / である

1) 嫌なものは嫌だ(である)。
2) 今日の風は爽やかだ(である)。
3) 僕と兄の性格は正反対だ(である)。

2. な形(~)ではない

1) 交通はあまり便利ではない。
2) このテーブルはあまりきれいではない。
3) 韓国の「김치」と日本の「キムチ」は同じではない。

3. い形(~く)ない

1) 今日の天気はよくない。
2) 韓国の夏は日本ほど蒸し暑くない。
3) あのレストランの料理はあまりおいしくない。

練習

＊ 다음 주어진 표현을 사용하여 일본어 문을 만드시오.

1) 「辛くない」

---

2) 「同じである」

---

3) 「寂しくない」

---

4) 「静かではない」

---

5) 「なくはない」

ことば

• 箸　世界　~割　手　ナイフ　フォーク　食事　食べ物　違い 関係
米　麺　主食　つかむ　使う　こと　多い　中国 材質　使い方 木
先　細い　骨　魚　スープ　すべて テーブル　メインディッシュ
取る　金属　キムチ　焼き肉　方　スプーン　おかず

第16課

初夏

もうすぐ6月です。気温も段々高くなります。日差しも強くなりました。木の葉の色は、一層鮮やかで美しいです。

朝早くから、小鳥が楽しくさえずります。風が気持ちよく吹きます。草の朝露がきらきら光ります。気持ちも爽やかになります。

この時期は、アカシアの花が真っ盛りになります。花を追う人々、蜂飼いさんがとても忙しくなります。それは、蜂蜜を集める仕事が多くなるからです。

川のほとりや山すそをうずめる、アカシアの花は本当にみごとなものです。

語法

＊「な形(～)になる」

「爽やかだ → 爽やかになる。」

		정중체(丁寧体)		기본형(基本形)
		긍정(肯定)	부정(否定)	
단정(断定)	현재(現在)	爽やかになります	爽やかになりません	爽(さわ)やかだ
	과거(過去)	爽やかになりました	爽やかになりませんでした	

＊「い形(～く)なる」

「多い → 多くなる。」

		정중체(丁寧体)		기본형(基本形)
		긍정(肯定)	부정(否定)	
단정(断定)	현재(現在)	多くなります	多くなりません	多(おお)い
	과거(過去)	多くなりました	多くなりませんでした	

文型

1. な形 (~) になる

1) あの店はテレビ放送で有名になりました。
2) コンピューターで生活が便利になりました。
3) 子供と一緒に遊ぶのが大好きになりました。

2. い形 (~く) なる

1) 最近仕事が楽しくなりました。
2) この頃はだいぶ日が長くなりました。
3) 来週から試験の勉強で忙しくなります。

練習

＊ 다음 글을 일본어로 옮기시오.

1) 6월부터는 점점 기온이 높아집니다.

2) 이곳은 전보다 교통이 편해졌습니다.

3) 산의 나뭇잎 색이 한층 선명하고 아름다워졌습니다.

4) 요즘 엄마와 같이 요리를 하는 것이 즐거워졌습니다.

5) 초여름에는 양봉 일을 하는 사람들이 한층 더 바빠집니다.

ことば

- 初夏　すぐ　気温　段々　高い　日差し　木の葉　色　一層　鮮やかだ　小鳥　さえずる　気持ち　吹く　草　朝露　きらきら　光る　時期　アカシア　真っ盛り　追う　人々　蜂飼い　蜂蜜　集める　川　ほとり　山すそ　うずめる　みごとだ　もの
- 最近　この頃

第17課

結婚

結婚についてのアンケートです。あなたは結婚についてどう思いますか。

1. 結婚したいですか。
   ① ぜひ結婚したい → 2番へ
   ② あまり結婚したくない → 3番へ

2. どうして「結婚したい」と思いますか。
   ① 子供がほしいから
   ② 一人の生活は寂しいから
   ③ 好きな人と一緒にいたいから
   ④ その他(　　　　　　　　　　　　　　　　　　　　　)

3. どうして「結婚したくない」と思いますか。
   ① 仕事に専念したいから

② 独身の方が自由だから
③ なんとなく結婚は嫌だから
④ その他(　　　　　　　　　　　　　　　　　　　　　　)

ある調査によると、30代女性は「結婚したい」と思う人が多いですが、20代女性は「まだ結婚したくない」と思う人が多いと言います。20代女性が「結婚を迷う」最も大きな理由は、「仕事や趣味、習い事など、やりたいことがいっぱいあるから」でした。

大切なのは「いつ結婚するか」ではなく、「誰と結婚するか」ということでしょう。しかし、結婚はしたいけれど、相手がいないという人もかなり多いのが現状です。

語法

＊「名がほしい／名がほしくない」〈희망(希望)〉

'-을 원하다/원하지 않다'

＊「動(～i, ～)たい／動(～i, ～)たくない」〈희망(希望)〉

'-하고 싶다/하고 싶지 않다'

기본형(基本形)		「～たい」	「～たくない」
-u動詞	やる(하다)	やりたい	やりたくない
-ru動詞	いる(있다)	いたい	いたくない
する	する(하다)	したい	したくない
くる	来る(오다)	来たい	来たくない

＊ な形(～)だ
　い形(～い)
　動詞(～u, ～ru)

} から〈이유 · 원인(原因 · 理由)〉

기본형 (基本形)		「～から」
な形	嫌(いや)だ	嫌だから
い形	寂(さび)しい	寂しいから
動	やる いる する 来る	やるから いるから するから 来るから

＊「～によると」〈근거(根拠)〉'-에 의하면, -에 따르면'

文 型

1. 名がほしい / ほしくない

1) 日本人の友だちがほしい。
2) まだ飲み物はほしくない。
3) 今度の誕生日に新しい携帯がほしい。

2. 動(~I, ~)たい / たくない

1) 国の家族や友だちに会いたい。
2) あんな怖い映画は見たくない。
3) 来週の試験までに漢字を全部覚えたい。

3. ~から〈原因・理由〉

1) 休みだから昨日は家で一日中テレビを見ました。
2) 今年の夏は暑いから、エアコンは必須です。
3) 今日は午後から雨だから、傘が必要です。

練習

＊ 다음 글에서 틀린 부분을 찾아 밑줄을 긋고 맞는 표현으로 고치시오.

1) 暑いからエアコンをほしい。

2) 優しくない友だちはほしいではない。

3) あんな怖い映画を見たいという人とは一緒にいりたくない。

4) やりたいことがいっぱいあるだから、結婚はまだしたくないです。

5) 最も大切だのは「いつ結婚するか」ではなく、「誰と結婚するか」ということでしょう。

ことば

- 結婚　どう　思う　ぜひ　結婚する　その他　どうして　専念する　独身　自由だ　ある~　迷う　最も　大きな　理由　習い事　大切だ　いつ　しかし　相手　かなり　現状
- 今度　携帯(電話)　会う　覚える　怖い　一日中　エアコン　必須だ　傘

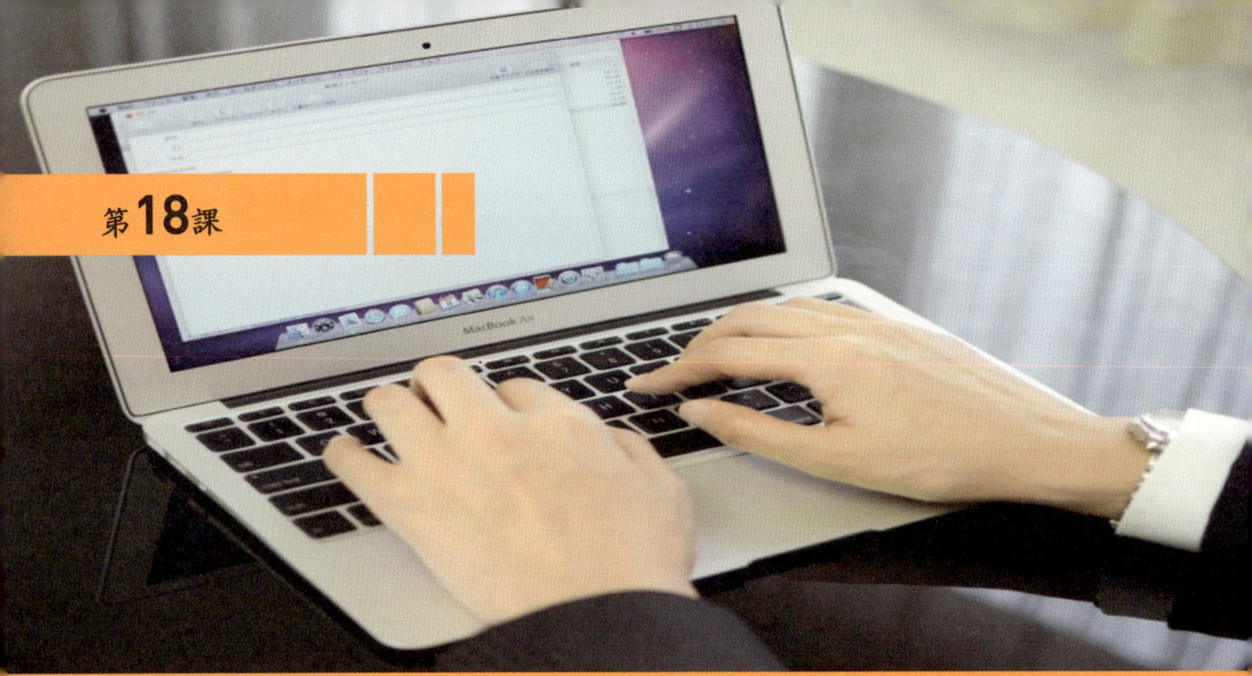

第18課

パソコン

近頃OA(オフィス・オートメーション)化が進んで、今は紙のない事務室が多くなりました。昔はコンピューターというものは研究所にしかないものでしたが、今は一般家庭にもパソコンがあります。

私は子供の頃、兄がワープロを打つのを見て、どうやって漢字を変換するのか不思議に思いました。

今のコンピューターはとても能率的で便利です。パソコンはこれまでのタイプライターやワープロと比べものにならないほど大量の文書を処理します。また、インターネットを使ってホームバンキングから切符の予約まで何でもできます。

これからの時代はOA化の進歩でますます便利になるでしょう。

語法

＊「動(～x, ～)て」〈접속형(接続形)〉

「~て」「~た」「~たり」「~たら」			「～て」
-u動詞	書く(쓰다) 泳ぐ(헤엄치다)	「-く」→「い」て 「-ぐ」→「い」で	書いて 泳いで
	思う(생각하다) 待つ(기다리다) ある(있다)	「-う、-つ、-る」→「っ」て	思って 待って あって
	死ぬ(죽다) 読む(읽다) 遊ぶ(놀다)	「-ぬ、-む、-ぶ」→「ん」で	死んで 読んで 遊んで
	話す(말하다)	「-す」→「し」て	話して
-ru動詞	見る(보다)		見て
する	する(하다)		して
くる	来る(오다)		来て

※ 예외동사 :「行く(가다)」→「行って」

＊「～の」〈명사수식절의 주어(名詞修飾節の主語)〉

「紙がない。→ 紙のない事務室」

＊「～という～」〈인용(引用)〉'-라(고 하)는'

＊「～しか(＋부정표현)」'-밖에' 「ここにある。→ここにしかない。」

文型

1. 動(~x, ~)て形

1) 名前は漢字で書いて、住所はハングルで書きます。
2) 今日は熱があって学校を休みました。
3) 大学院に進んで日本語学を勉強したいです。
4) 留学について親と話して安心しました。
5) 友だちと映画を見て9時に帰りました。
6) 妹は去年結婚して今アメリカにいます。
7) 鈴木さんは韓国に来て、もう4年になりました。

練習

＊다음 동사를 「~て」형으로 바꾸시오.

기본형	「~て」형	기본형	「~て」형
1) 起きる(일어나다)		11) いる(있다)	
2) 食べる(먹다)		12) なる(되다)	
3) 行く(가다)		13) 帰る(돌아가다)	
4) 勉強する(공부하다)		14) 遊ぶ(놀다)	
5) 話す(말하다)		15) 休む(쉬다)	
6) 聞く(듣다)		16) 泳ぐ(헤엄치다)	
7) 見る(보다)		17) 予約する(예약하다)	
8) 来る(오다)		18) 降る(비가 내리다)	
9) 寝る(자다)		19) 覚える(외우다)	
10) ある(있다)		20) 会う(만나다)	

ことば

- パソコン　近頃　オフィス　オートメーション　~化　紙　事務室　コンピューター　研究所　一般　家庭　頃　ワープロ　打つ　変換する　不思議だ　能率的だ　タイプライター　比べものにならない　大量　文書　処理する　ホームバンキング　切符　予約　何でも　出来る　時代　進歩　ますます

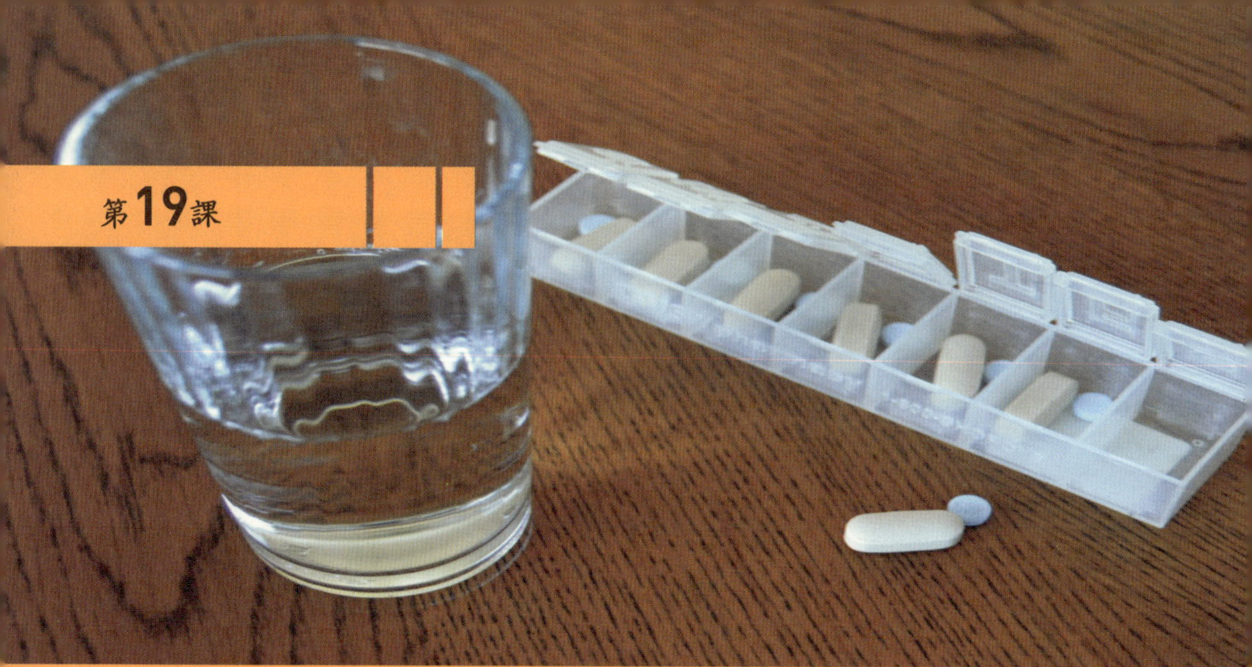

第19課

胃薬

薬を飲む時は、説明書をよく読んで正しく服用しましょう。

■ 効能

吐き気、胃もたれ、消化不良

■ 用法・用量

次の用量を1日3回、食前または食後に服用してください。

大人（15歳以上）… 1包

8歳以上15歳未満 … 1/2包

■ 注意

1. 次の人は服用前に医師または薬剤師に相談してください。

  1）他の薬を飲んでいる人

  2）薬のアレルギーがある人

  3）妊娠中の人

2. 服用後、かゆみなどがある時は、使用を中止してください。
3. 用法、用量を守ってください。
4. 湿気の少ない涼しい所に保管してください。

語法

＊「 動(〜x, 〜)てください」〈의뢰(依頼)〉 '-해 주세요'

기본형 (基本型)		「~て」	「~てください」
-u動詞	飲む (마시다)	飲んで	飲んでください
-ru動詞	見る(보다)	見て	見てください
する	する(하다)	して	してください
くる	来る(오다)	来て	来てください

文 型

1. 動(~x, ~)てください

1) すみませんが、ここに名前と連絡先を書いてください。
2) この新聞の記事を見てください。
3) 薬を飲む時は説明書をよく読んで正しく服用してください。
4) 私の家に遊びに来てください。

練習

＊「~てください」 표현을 사용하여 다음 글을 완성하시오.

1) 頭が痛い時は (　　　　　　　　　　　) てください。

2) 寂しいと思う時は (　　　　　　　　　　　) てください。

3) 二つ以上の薬を飲む時は (　　　　　　　　　　　) てください。

4) なんとなく体がだるい時は (　　　　　　　　　　　) てください。

5) 彼の連絡先が分からない時は (　　　　　　　　　　　) てください。

ことば

- 胃薬　説明書　正しい　服用する　効能　吐き気　胃もたれ 消化不良　用法　用量　食前　食後　大人　～包　未満　注意 医師 薬剤師　相談する　他　アレルギー　妊娠中　～後　かゆみ 使用 中止する　湿気　少ない　保管する

日本の大相撲

第20課

- 本場所：年に6回、奇数の月に15日間。
- 番付：
  幕内（横綱＞大関＞関脇＞小結＞前頭）
- 戦い方：
  ー土俵で行う。
  ー土俵から出るか、地面に足の裏以外がつく場合、あるいは反則の場合は、負けとなる。

相撲

毎週「日本文化の理解」の授業でみんな発表をする。私は日本の相撲に興味を持っているので、「大相撲」について発表するつもりである。

「大相撲」は日本で最も有名な相撲の試合である。公式戦である本場所は年間6回、15日間行う。

「番付(ばんづけ)」というのは相撲の選手である「力士」の順位表である。「力士」は本場所の成績によって順位が決まるが、その中で一番上にある階級が「幕内(まくうち)」である。「幕内」はさらに「横綱(よこづな)・大関(おおぜき)・関脇(せきわけ)・小結(こむすび)・前頭(まえがしら)」の順位になる。

試合は土俵で行う。この土俵から出るか、地面に足の裏以外の部分が付く場合は負けになる。相撲を取る時は、廻しだけを身につけて、髪はちょんまげを結っている。

語法

＊「動(～x, ～)ている」〈계속(継続)〉

동작의 진행, 동작 결과의 상태 또는 단순한 상태를 나타낸다.

기본형 (基本型)		「~て」	「~ている」
-u動詞	持(も)つ (가지다)	持って	持っている
-ru動詞	見る(있다)	見て	見ている
する	する(하다)	して	している
くる	来る(오다)	来て	来ている

1) 〈동작의 진행〉

「読(よ)む → 読んでいる。」

「書(か)く → 書いている。」

2) 〈동작의 결과의 상태〉

「落(お)ちる → 落ちている。」

「来(く)る → 来ている。」

「結婚(けっこん)する → 結婚している。」

3) 〈단순한 상태〉

「似(に)る → 似ている。」

「疲(つか)れる → 疲れている。」

「優(すぐ)れる → 優れている。」

＊「～つもりだ」 '-할 계획/예정이다'

＊「～である名」 '-인 (명사)'

文 型

1. 動(~ x, ~) ている

〈동작의 진행〉

1) 妹はテレビを見ています。
2) 金さんは日本語の先生と日本語で話しています。
3) 山田さんは今図書館で友だちと勉強をしています。

〈동작의 결과의 상태〉

1) 僕はもう起きています。
2) 授業はすでに始まっています。
3) 金さんは14歳の時から日本に行っています。

〈단순한 상태〉

1) 私は母に似ています。
2) 毎朝、満員電車で疲れています。
3) あの会社はサービスが優れています。

練習

* 다음 사진 속의 동작이나 상태를 동사의 「~ている」형을 써서 글로 나타내시오.

ことば

- 相撲　毎週　授業　持つ　大相撲　つもり　公式戦　本場所　年間　~間　行う　番付　選手　力士　順位表　成績　決まる　上　階級　幕内　さらに　土俵　地面　足　裏　以外　部分　付く　場合　負け　相撲を取る　廻し　身につける　髪　ちょんまげ　結う

第21課

夢

「あっ、泥棒だ！」

アパートに着いて、私は思わず叫んだ。

部屋の窓ガラスが割れていたのだ。それに、カーテンも破れている。

泥棒がまだ部屋にいるのか。

私は用心しながら部屋の中を見渡した。

「あっ、コンピューターが…」

いつも机の上に置いてあるノートパソコンがなくなっている。

「もしかして、お金は？」

心配になって、本棚にある大きい国語辞典を取り出した。ここだけの話だが、私はお金をいつも国語辞典の下にかくしている。しかし、そのお金もなくなっている。

「悔しい！」

このとき、目が覚めた。

よかった。これは、夢だった！

語法

＊「動(〜x, 〜)た」〈과거(過去·完了)〉

「〜て」「〜た」「〜たら」「〜たり」			「~た」
-u動詞	書く(쓰다) 泳ぐ(헤엄치다)	「-く」→「い」て 「-ぐ」→「い」で	書いた 泳いだ
	思う(생각하다) 待つ(기다리다) ある(있다)	「-う、-つ、-る」→「っ」て	思った 待った あった
	死ぬ(죽다) 読む(읽다) 遊ぶ(놀다)	「-ぬ、-む、-ぶ」→「ん」で	死んだ 読んだ 遊んだ
	話す(말하다)	「-す」→「し」て	話した
-ru動詞	見る(보다)		見た
する	する(하다)		した
くる	来る(오다)		来た

＊「他動詞(〜x, 〜)てある」〈동작 결과의 상태(動作の結果の状態)〉

~が　自動詞＋~ている (「開く」)	일반적인 동작 작용의 결과 상태	窓が　開いている。
~が　他動詞＋~てある (「開ける」)	인위적인 동작 작용의 결과 상태	窓が　開けてある。

＊「〜に」〈목적지(目的地)〉 '-에'

文型

1. 動(~x, ~)た

1) 昨日、友だちと図書館に行った。
2) 先週、日本語の会話の試験があった。
3) 自転車が古くなったので、おととい新しいのを買った。

2. 動(~x, ~)てある

1) テーブルの上には花とプレゼントが置いてあった。
2) ドアの前には「静かにしてください」と書いてあった。
3) A : 寒いですね。あ、窓が開いていますね。
   B : ええ、空気が悪いから開けてあるんです。

練習

＊ 다음 동사를 「~た」형으로 바꾸시오.

기본형	「~ た」형	기본형	「~た」형
1) 起きる(일어나다)		11) いる(있다)	
2) 食べる(먹다)		12) なる(되다)	
3) 行く(가다)		13) 帰る(돌아가다)	
4) 勉強する (공부하다)		14) 遊ぶ(놀다)	
5) 話す(말하다)		15) 休む(쉬다)	
6) 聞く(듣다)		16) 泳ぐ(헤엄치다)	
7) 見る(보다)		17) 予約する (예약하다)	
8) 来る(오다)		18) 降る (비가 내리다)	
9) 寝る(자다)		19) 覚える(외우다)	
10) ある(있다)		20) 会う(만나다)	

ことば

- 夢　あっ　泥棒　アパート　着く　思わず　叫ぶ　部屋　窓ガラス　割れる　それに　カーテン　破れる　用心する　見渡す　いつも　置く　なくなる　もしかして　お金　心配だ　本棚　大きい　国語　辞典　取り出す　話　隠す　悔しい　目が覚める

第22課

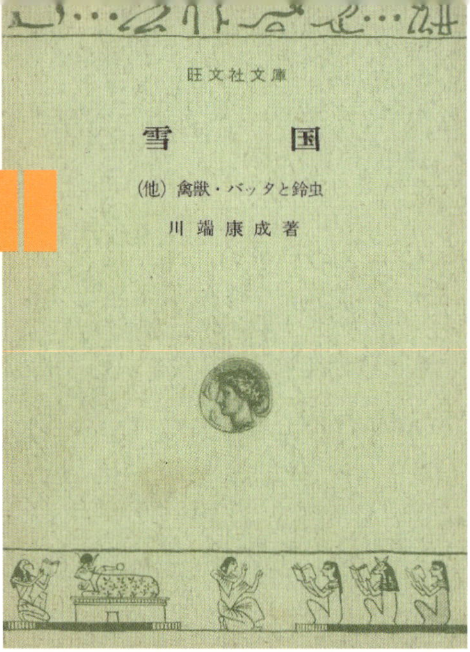

川端康成

1899年6月14日、大阪で生まれた。幼い時に両親を亡くし、3歳からは祖父母のもとで育ったが、その祖父母も相次いで亡くなり、15歳で孤児となった。この時期につけた日記が後に『十六歳の日記』になっている。

作家を目指したのは中学2年の時で、1916年から新聞に作品を送ったり、文学雑誌に投稿したりした。1920年に高校を卒業し、東京大学英文学科に入学したが、すぐ国文学科へ移った。

その後『雪国』、『伊豆の踊り子』などの作品を発表し、1968年には日本で初めてノーベル文学賞を受賞した。授賞式では「美しい日本の私」という講演を行った。

1972年4月16日、72歳で亡くなった。翌年に川端康成文学賞ができ、1985年には茨木市に川端康成文学館が開館した。

語法

＊「動(～x, ～)たり 」‘-하거나’

「~て」「~た」「~たり」「~たら」			「~たり」
-u動詞	書く(쓰다) 泳ぐ(헤엄치다)	「-く」→「い」て 「-ぐ」→「い」で	書いたり 泳いだり
	思う(생각하다) 待つ(기다리다) ある(있다)	「-う、-つ、-る」→「っ」て	思ったり 待ったり あったり
	死ぬ(죽다) 読む(읽다) 遊ぶ(놀다)	「-ぬ、-む、-ぶ」→「ん」で	死んだり 読んだり 遊んだり
	話す(말하다)	「-す」→「し」て	話したり
-ru動詞	見る(보다)		見たり
する	する(하다)		したり
くる	来る(오다)		来たり

文型

1. 動 (~x, ~) たり

1) 仕事で韓国と日本を行ったり来たりしています。

2) A : 暇な時、何をしますか。

 B : そうですね、たいてい洗濯したり、掃除したりします。

3) 休みの日には買い物に出かけたり本を読んだりします。

練習

＊다음 글을 일본어로 옮기시오.

1) 오늘은 동대문과 명동을 왔다 갔다 아주 바빴다.

2) 컴퓨터로 게임을 하거나 드라마를 보거나 합니다.

3) 그 가게에서는 많은 사람들이 먹거나 마시거나 하고 있었습니다.

4) 일요일에는 집에서 책을 읽거나 비디오(ビデオ)을 보거나 하면서 쉽니다.

5) 일본의 유명한 작가인 가와바타 야스나리는 중학생 때부터 신문에 작품을 내거나 잡지에 투고를 하거나 했습니다.

ことば

- 大阪　生まれる　幼い　両親　亡くす　祖父母　下　育つ　相次いで　亡くなる　孤児　日記をつける　後に　作家　目指す　中学　作品　送る　投稿　高校　卒業する　英文学科　国文学科　移る　その後　ノーベル賞　授賞する　受賞式　講演　翌年　出来る　文学館　開館する
- 買い物

第23課

母校

今日は母校で同窓会があった。

母校を訪れたのは、卒業後はじめてのことだ。学校の様子はすっかり変わっていた。建物も増えたし、学生の数も多くなった。私が学生の頃は一クラス20人ぐらいで、アットホームな雰囲気だった。

学校の周辺もずいぶん変わった。昔はとても静かな所だった。ところが今は、車のクラクションや電車の音でたいへん騒がしい。学校の前の道も広くなり、大きな建物や立派な店も多くなった。

もう昔の面影はどこにもない。しかし、学校の裏山の緑だけは今なお美しい。やはり、母校というのはなつかしいものだ。

語法

＊「名だった」

		보통체(普通体)	정중체(丁寧体)	기본형(基本形)
과거(過去)	긍정(肯定)	学生だった	学生でした	学生
	부정(否定)	学生ではなかった	学生ではありませんでした 学生ではなかったです	

＊「な形(～だっ)た」

		보통체(普通体)	정중체(丁寧体)	기본형(基本形)
과거(過去)	긍정(肯定)	きれいだった	きれいでした	きれいだ
	부정(否定)	きれいではなかった	きれいではありませんでした きれいではなかったです	

＊「い形(～かっ)た」

		보통체(普通体)	정중체(丁寧体)	기본형(基本形)
과거(過去)	긍정(肯定)	きつかった	きつかったです	きつい
	부정(否定)	きつくなかった	きつくありませんでした きつくなかったです	

＊「（종지형）し、」〈병렬(並列)〉

「静かだ。 → ここは静かだし、交通も便利だ。」

「ある。 → 日本語の試験もあるし、英語の試験もある。」

文型

1. 名だった

1) 昨日は一日中雨だった。
2) 田中さんは学生の頃、相撲の選手だった。
3) 去年まで独身だった姉が今年の秋に結婚する。

2. な形(~)だった

1) 彼は学生時代から有名だった。
2) 20年前のこの町は静かできれいだった。
3) 子供の頃は運動が嫌いだったが、今は好きだ。

3. い形(~かっ)た

1) 去年の夏はずいぶん蒸し暑かった。
2) たくさん勉強したので、昨日のテストは易しかった。
3) 初めて見たあの俳優の映画は、思ったより面白かった。

練習

＊ 다음 글을 일본어로 옮기시오.

1) 어제 읽었던 책은 꽤 어려웠다.

2) 여동생은 어릴 때부터 비를 좋아했었다.

3) 그 여배우는 옛날에는 유명한 테니스 선수였다.

4) 오늘은 수업도 있고 서클도 있고 아주 바쁘다.

5) 30년 전에 이 강은 아주 깨끗하고 아름다웠다.

ことば

- 母校　同窓会　訪れる　様子　すっかり　変わる　建物　増える　数　一クラス　雰囲気　周辺　ずいぶん　ところが　車　クラクション　電車　音　騒がしい　道　広い　立派だ　面影　裏山　緑　なお　なつかしい
- 俳優

第24課

茶道

「日常茶飯事」という言葉がある。これは珍しくない、よくあることを意味する。私たちはお茶を飲んだり、食事をしたりすることを毎日くりかえしているからである。

昨日、留学生の茶道体験教室に参加した。まず、お茶を飲む前に、茶菓子を食べた。茶菓子は形がきれいで、とても甘かった。でも、その次に出た抹茶は、泡がいっぱいで、味も渋くて、あまりおいしくなかった。

茶道に使う釜や茶碗などの道具について説明を聞いた後、自分でもお茶をたててみたが、うまくいかなかった。抹茶をたてる過程と茶道の作法は簡単ではなかったが、印象深い体験だった。

語法

＊「な形(〜)ではなかった」

		보통체(普通体)	정중체(丁寧体)	기본형(基本形)
과거(過去)	긍정(肯定)	きれいだった	きれいでした	きれいだ
	부정(否定)	きれいではなかった	きれいではありませんでした きれいではなかったです	

＊「い形(〜く)なかった」

		보통체(普通体)	정중체(丁寧体)	기본형(基本形)
과거(過去)	긍정(肯定)	きつかった	きつかったです	きつい
	부정(否定)	きつくなかった	きつくありませんでした きつくなかったです	

＊「動(〜x, 〜)てみる」‘-해 보다’

文 型

1. な形 (~) ではなかった

1) 部屋の中がきれいではなかったので、今日掃除した。
2) あの会社は、最初は小さくて、全然有名ではなかった。
3) 金さんは最近かぜをひいてあまり元気ではなかった。

2. い形 (~く) なかった

1) 東京はソウルほど寒くなかった。
2) 昨日セールで買ったかばんは安くはなかった。
3) 平日のディズニーランドは思ったより人が多くなかった。

3. 動 (~x, ~) てみる

1) 若いうちに何かやってみるのがいい。
2) A : この服、着てみてもいいですか。
   B : ええ、どうぞ。
3) パンダはまだ見たことがないので、一度見てみたい。

練習

＊다음 글을 일본어로 옮기시오.

1) 그 사람은 생각한 것보다 성실하지 않았다.

2) 서울은 작년 겨울 별로 춥지 않았다.

3) 지금까지 사용하고 있었던 책상은 별로 실용적이지 않았다.

4) 잡지에 나온 유명한 레스토랑에 가 봤지만 별로 맛이 없었다.

5) 전에는 아침에 일찍 일어나는 것을 싫어했지만 지금은 그렇지 않다.

ことば

- 茶道　日常茶飯事　言葉　珍しい　意味　繰り返す　～前に　茶菓子　甘い　抹茶　泡　味　渋い　釜　茶碗　道具　自分　お茶をたてる　うまくいかない　過程　作法　簡単だ　印象深い
- 小さい　元気だ　若い　うち　何か　やる　着る　一度

第25課

回転寿司

日本食の中で最もポピュラーなのは寿司だ。にぎり寿司、ちらし寿司、巻き寿司、押し寿司…。

しかし、寿司は、つい最近まで庶民の日常的な食べ物ではなかった。寿司屋でにぎり寿司を食べるのはお金に余裕がある時だけだったという。

そんな中、回転寿司が登場した。客の前をベルトコンベアーに乗った寿司が回って来る。客は好きなものを取って食べることができる。回って来るのは寿司だけではない。天ぷら、そば、ケーキ、フルーツ…。ほしいものは直接注文することもできる。値段も一目で分かる。値段は寿司を載せた小皿の色で決まっている。回転寿司は日本の食文化を大きく変えた。

語法

＊「名ではなかった」

		보통체(普通体)	정중체(丁寧体)	기본형(基本形)
과거(過去)	긍정(肯定)	学生だった	学生でした	学生
	부정(否定)	学生ではなかった	学生ではありませんでした 学生ではなかったです	

＊「動(～u, ～ru)ことができる」〈가능(可能)〉 '-할 수 있다'

「食(た)べる → 食べることができる。」

「注文(ちゅうもん)する → 注文することができる。」

＊「動(～x, ～)てくる」 '-해 오다'

＊「～だけではない」 '-뿐만이 아니다'

＊「～に乗る」 '-을(를) 타다'

文 型

1. 名ではなかった

1) それはあまりいい考えではなかった。
2) 彼は学生時代は有名な選手ではなかった。
3) コンビニのアルバイトは、私がしたい仕事ではなかった。

2. 動 (~u, ~ru) ことができる

1) 金さんは日本語を上手に話すことができる。
2) 弟はキムチチゲをおいしく作ることができる。
3) このイベントは誰でも参加することができる。

3. 動 (~x, ~) てくる

1) 窓から風が入ってくる。
2) 昼ごはんを学校の食堂で食べてくる。
3) 今日は母と一緒に買い物に行ってくる。

練習

＊ 다음 글을 일본어로 옮기시오.

1) 그 사람은 신문 기자가 아니었다.

2) 나는 어릴 때부터 일기를 써 왔다.

3) 이 게임은 아이들부터 어른까지 간단히 할 수 있습니다.

4) 이 위약은 위가 더부룩하거나 소화 불량일 때 먹을 수 있다.

5) 이 학교의 도서관은 학생뿐 아니라 일반인(一般人（いっぱんじん）)도 사용할 수 있다.

ことば

• 回転寿司　日本食　ポピュラーだ　にぎり寿司　ちらし寿司　巻き寿司　押し寿司　つい　庶民　日常的だ　寿司屋　余裕　登場する　ベルトコンベアー　乗る　回る　取る　天ぷら　そば　ケーキ　フルーツ　直接　注文する　値段　一目　載せる　小皿

第26課

なりたい職業

日本の子供たちに「将来なりたい職業」について聞きました。

男の子のなりたい職業の1位は「野球選手」、2位は「学者・博士」、3位は「サッカー選手」、そして「お医者さん、大工さん、パイロット、警察官、食べ物屋さん、消防士・救急隊」の順に続きました。

女の子の場合は、1位が「食べ物屋さん」、2位は「看護婦さん」、3位は「保育園・幼稚園の先生」、続いて「学校の先生、お医者さん、お花屋さん」の順でした。

男子の「野球選手」は4年連続でトップでしたが、最近は「サッカー選手」になりたい子も増えています。運動選手は学年が上がるほど人気が高くなっています。

女子の「食べ物屋さん」は11年連続でトップでした。2位の「看護婦さん」、3位の「保育園・幼稚園の先生」も毎回上位です。女子は男子に比べて人をケアする仕事に憧れる傾向が強いことが分かります。

語法

＊「動(〜u, 〜ru)ほど」 '-할수록'

「勉強する → 勉強するほど」

「食べる → 食べるほど」

＊「〜に比べて」〈비교(比較)〉 '-에 비하여'

＊「〜に憧れる」 '-을(를) 동경하다'

＊「お(職業, 店)さん」 '-일을 하는 사람'

文型

1. 動 (~u, ~ru) ほど

1) 北の方に行くほど寒くなる。
2) ワインは古くなるほどおいしくなる。
3) 親は年をとるほど子供のことが心配になります。

2. ~に比べて

1) この学校は女子に比べて男子が多い。
2) 昔に比べてテレビ番組が面白くない。
3) 去年に比べて、韓国を訪れる観光客が増えた。

3. ~に憧れる

1) 中学の時、一つ上の先輩に憧れていた。
2) 自由な生活に憧れて一人暮らしを始めました。
3) ロックスターに憧れて毎日歌を歌っています。

練習

＊다음 글을 일본어로 옮기시오.

1) 비가 내릴수록 후덥지근해집니다.

2) 학년이 올라갈수록 공부가 어려워진다.

3) 택시(タクシー)에 비해 버스는 비싸지 않다.

4) 중학교 때 같은 테니스 부 선배를 동경해서 이 학교에 입학했습니다.

5) 워드프로세스로 글자를 치는 것은 손으로 글자를 쓰는 것에 비해 글자가 예쁘다.

ことば

- 職業　将来　男の子　野球　学者　博士　サッカー　そして　医者　大工　パイロット　警察官　～屋　消防士　救急隊　順　女の子　看護婦　保育園　幼稚園　花屋　連続　トップ　学年　上がる　女子　毎回　上位　男子　比べる　ケアする　憧れる　傾向
- 古い　観光客

第27課

サッカーの試合

今日は、サッカーの試合がある。
空は灰色で暗い。
黒い雲が少しも動かない。
天気予報では、「雨は降らない」という。
だから、みんなで応援に出かける。

急に風が強くなる。
空もいっこうに晴れる気配がない。
ぽつりぽつり、雨が降り出す。
みんなの残念顔。
雨は昼すぎまで止まない。

これでは試合はできない。
まもなく、場内アナウンスが流れる。
試合は延期になる。
仕方なくみんな解散する。

語法

＊「動(～a, ～)ない」〈부정표현(否定表現)〉

기본형(基本形)		「~ ない」
-u動詞	読む (읽다)	読まない
-ru動詞	見る(보다)	見ない
する	する(하다)	しない
くる	来る(오다)	来(こ)ない

※ 기본형이「～う」로 끝나는 동사의 부정형은「～わない」가 된다.
「会う → (○) 会わない, (×)会あない」

＊「～に」〈목적(目的)〉‘-하러’

文型

1. 動(~a, ~)ない

1) 最近仕事がうまくいかない。
2) 僕はあまりテレビを見ない。
3) 雨が降っても試合は中止しない。
4) バスはなかなか来ない。

2. ~に

1) 弟は図書館に勉強に行きました。
2) 引っ越しました。暇があったらぜひ遊びに来てください。
3) 昨日「今、会いに行きます」という映画を見に行きました。

練習

＊다음 동사를 「~ない」형으로 바꾸시오.

기본형	「~ない」	기본형	「~ない」
1) 起きる(일어나다)		11) いる(있다)	
2) 食べる(먹다)		12) なる(되다)	
3) 行く(가다)		13) 帰る(돌아가다)	
4) 勉強する(공부하다)		14) 遊ぶ(놀다)	
5) 話す(말하다)		15) 休む(쉬다)	
6) 聞く(듣다)		16) 泳ぐ(헤엄치다)	
7) 見る(보다)		17) 予約する(예약하다)	
8) 来る(오다)		18) 降る(내리다)	
9) 寝る(자다)		19) 覚える(외우다)	
10) 待つ(기다리다)		20) 会う(만나다)	

ことば

- 空　灰色　暗い　黒い　動く　降る　それで　応援　出かける　急に　強い　一向に　気配　ぽつりぽつり　降り出す　残念顔　昼～過ぎ　まもなく　場内　アナウンス　流れる　延期　仕方ない　解散する

第28課

寮の規則

寮で生活する学生のみなさんへ

最近、寮の規則を守らない人がいます。寮ではたくさんの人が共同で暮らしていますから、他の人たちにも配慮して行動してください。

寮生活に関する規則の中で重要なことについてもう一度お知らせします。

1. 外出する際は必ず鍵をかけなければいけません。
2. 外泊する場合は、当日午前中までに「外泊届」を寮長に出さなければいけません。
3. 自動車やオートバイを持っている人は、寮長から駐車場使用の許可をもらわなければなりません。
4. ごみはきちんと分別し、所定の場所に出さないといけません。

以上の注意事項を守り、全員が快適に生活できるように心がけてください。

以上

語法

＊「動(～a, ～)なければならない／なければいけない」

〈의무・필요(義務・必要)〉

기본형 (基本形)		「~ なければならない」
-u動詞	もらう(받다)	もらわなければならない
-ru動詞	見る(보다)	見なければならない
する	する(하다)	しなければならない
くる	来る(오다)	来なければならない

＊「お動(～ i, ～)する」〈겸양어(謙譲語)〉‘(제가) -하다’

「知(し)らせる → お知らせする」

「待(ま)つ → お待ちする」

＊「動(～u, ～ru)ように」‘-하도록’

＊「～に関する」‘-에 관한’

文型

1. 動 (~a, ~) なければならない / なければいけない

1) 外国に行く時は、パスポートを持っていかなければならない。
2) あの大学に入るためには、英語の試験でいい成績をとらなければいけない。
3) 今日お客さんが来るので、自分の部屋をきれいに掃除しなければならない。

2. お動 (~i, ~) する

1) 先生、お荷物をお持ちします。
2) お電話、お待ちしております。
3) ちょっとこの本をお借りします。

3. 動 (~u, ~ru) ように

1) 試験に合格できるようにがんばります。
2) すべてがうまくいくようにお祈りしました。
3) あしたは雨が降りませんように。

練習

＊「~なければならない / なければいけない」를 사용해서 다음 글을 완성하시오.

1) 教室では(　　　　　　　　　　　　　　　　　　　　　　　　)。

2) 薬を飲む時は(　　　　　　　　　　　　　　　　　　　　　　)。

3) 外出する際は(　　　　　　　　　　　　　　　　　　　　　　)。

4) 外国を旅行する時は(　　　　　　　　　　　　　　　　　　　)。

5) 自分より上の人に話す場合は(　　　　　　　　　　　　　　　)。

ことば

- 寮　規則　共同　暮らす　配慮する　行動する　関する　重要だ　知らせる　外出する　~際　必ず　鍵　かける　外泊する　当日　~届け　寮長　出す　駐車場　許可　もらう　ごみ　きちんと　分別する　所定　事項　全員　快適だ　心がける
- 入る　荷物　おる　どうか　合格する　うまくいく　祈る

第29課

日本人の話題

日本人と話す時はどんな話題がいいでしょうか。 一般的に日本人の「話題」としては「三気」があるといいます。それは「天気・人気・景気」のことです。

「天気」は、誰もが同じ季節の変化、気温の変化を感じているので、初対面の話題としても無難です。「いいお天気ですね。」とか「今日はちょっと冷えますね。」などと話しかけてみましょう。「人気」は、芸能界やスポーツなどについての話題です。話題に困った時、人気スターや有名人の話題は、いつでも、どこでも、誰でも盛り上がります。一般社会人には「最近景気はどうですか。」とか「少し景気がよくなってきましたね。」など、「景気」の話題から始めてもいいでしょう。

日本では特に初対面で相手の年齢や学歴、宗教などプライベートなことを聞いてはいけません。相手も自分も楽しむことのできる共通の話題を見つけましょう。

語法

＊「動(～x, ～)てもいい」〈허가(許可)〉 '-해도 좋다'

　「休む → 休んでもてもいいですか。」
　「話す → 話してもいいですか。」

＊「動(～x, ～)てはいけない」〈금지(禁止)〉 '-해서는 안 된다'

　「休む → 休んではいけない。」
　「話す → 話してはいけない。」

＊「～でしょうか」〈추측의 확인(推測の確認)〉 '-일까요?'

　「雨です。 → 今日は雨でしょうか。」
　「いいです。 → これでいいでしょうか。」

＊「～として」〈신분·자격(身分·資格)〉 '-(으)로서'

＊「～とか」〈열거(列挙)〉 '-(이)라든지'

＊「～に困る」 '-(으)로 어려움을 겪다'

文型

1. 動 (~x, ~) てもいい

1) 今日は早く帰ってもいいです。
2) この場所ではたばこを吸ってもいいです。
3) ここは回転寿司なので、回ってくるものは何を取ってもいいですよ。

2. 動 (~x, ~) てはいけない

1) 子供は、この薬を飲んではいけません。
2) テストの時、カンニングをしてはいけません。
3) 19歳以下の人は、この映画を見てはいけません。

3. ~でしょうか

1) 気分が悪いのでしょうか。。
2) コーヒーでよかったでしょうか。
3) 熱が高いのは風邪のせいでしょうか。

練習

＊ 다음 글을 '허가'는 '금지 표현'으로, '금지'는 '허가 표현'으로 바꾸시오.

1) 窓を開けてもいいです。 →

2) ボールペンで書いてはいけません。→

3) この川で泳いでもいいです。 →

4) このケーキは食べてはいけません。 →

5) 年齢や学歴について聞いてもいいです。 →

ことば

- 話題　人気　景気　社会人　変化　初対面　無難だ　冷える　話しかける　芸能界　スポーツ　困る　スター　有名人　盛り上がる　特に　年齢　学歴　宗教　プライベート　楽しむ　共通　見つける
- たばこ　吸う　せい

第30課

手紙

鈴木幸子 様

拝啓　秋も一段と深まり、紅葉の美しい季節となりました。ご家族の皆さん、お元気ですか。

私が東京での研修に参加してから、もうすぐ一ヶ月が経ちます。東京に行く前は、日本語で話すことにいつも自信がなかったのですが、研修に参加し、ホストファミリーのお父さん、お母さんや、みよ子ちゃんと話すうちに、だんだん日本語で話すことが楽しくなりました。あのホームステイがきっかけで、今こうして日本留学を目指しているのですから、東京研修は本当に貴重な体験でした。

さて、今日はこの間の発表会の写真を送ります。今年9月末の公演の様子です。一枚目は公演が始まるところ、二枚目はちょうど演奏しているところ、三枚目は公演が終わったところです。今度、一度演奏しているところをみなさんに見せたいです。

東京もそろそろ寒くなるころでしょうか。皆さん、お体にどうぞお気をつけてください。またお手紙出します。

敬具

10月4日　　　　金ミナ

語法

＊「〜ところ」〈동작의 단계(局面)〉

動(〜u, 〜ru)ところ	〈직전〉단계	これから食べるところです。
動(〜x, 〜)ているところ	〈한창〉인 단계	今食べているところです。
動(〜x, 〜)たところ	〈직후〉단계	ちょっと前に食べたところです。

＊「動(〜x, 〜)てから」 '-하고 나서'

＊「お/ご＋名詞」

「お＋일본고유어」	「お花、お水、お仕事、お名前」など。
「ご＋한자어」	「ご連絡、ご住所、ご家族、ご兄弟」など。

※「お＋한자어 」:「お電話、お時間、お食事」など。

文型

1. 動 (~u, ~ru) ところ

1) ちょうと映画が始まるところです。
2) 今から学校へ行くところです。
3) A : いま、何してる？
   B : これから家に帰るところ。

2. 動 (~x, ~) ているところ

1) 今本を読んでいるところです。
2) ご飯を食べているところに、電話がかかってきた。
3) 今会議をしているところなので、後でご連絡します。

3. 動 (~x, ~) たところ

1) 今、駅に着いたところです。
2) コンサートが始まったところです。
3) 授業はただ今終わったところです。

練習

＊「~ところ」를 사용하여 다음 글을 일본어로 옮기시오.

1) 일본어 회화 수업이 끝나고 막 교실을 나선 참이다.

2) 지금 막 집에 돌아온 참입니다.

3) 내가 영화관에 도착했을 때 영화가 시작되려는 참이었습니다.

4) 점심을 먹고 있는 중에 전화가 걸려 왔습니다.

5) 그 일에 대해서 지금 막 회의를 하고 있던 중입니다.

ことば

- 手紙　拝啓　一段と　深まる　研修　経つ　自信　ホストファミリー　～うちに　ホームステイ　きっかけ　目指す　貴重だ　さて　間　発表会　写真　公演　～枚　～目　演奏する　見せる　体　どうぞ　気をつける　敬具
- かかる　駅　ただ今

第31課 地震

今日の午前3時ごろ地震があったみたいだ。僕はぐっすり眠っていて少しも気づかなかった。震度3でそれほど強い地震ではなかったようだが、けがをした人が何人かいるという。幸い、地震による交通機関への被害はなく、朝の通勤、通学にはほとんど影響がないという。

日本では地震が多いためか、少しぐらいの地震では大騒ぎにならないようだ。しかし、日本人が地震に対して鈍感になっているのではない。大地震に備えて非常食や常備薬、水などを準備しておいて、いつでも持ち出すことができるようにしている家庭も多い。もしもの時に役立つ防災グッズもたくさん出ているみたいだ。また、家族が離れ離れになった場合のことを考えて、あらかじめ待ち合わせの場所を決めている家庭も少なくないようだ。

「備えあれば憂いなし！」

語法

＊ な形(~な, 終止形)
い形 終止形
動 終止形
} ようだ(みたいだ)〈추정표현(推定表現)〉

「静かな・静かではない・静かだった・静かではなかった…」ようだ。
「強い・強くない・強かった・強くなかった…」ようだ。
「行く・行かない・行った・行かなかった・行きたい…」ようだ。

＊「動(〜a, 〜)なかった」

기본형(基本形)		「~ない」	「~なかった」
-u動詞	気付く(きづく) (깨닫다, 눈치채다)	気付かない	気付かなかった
-ru動詞	見る(보다)	見ない	見なかった
する	する(하다)	しない	しなかった
くる	来る(오다)	来ない	来なかった

＊「〜ため」〈원인・이유(原因・理由)〉 '-하기 때문'

＊「動(〜x, 〜)ておく」〈준비(準備)〉 '-해 두다'

＊「〜に対して」 '-에 대하여'

文 型

1. な形 (な, 終止形) ようだ / みたいだ

1) 金さんはテニスが好きなようだ。
2) あの店はあまり親切ではないようだ。
3) あの作家は外国ではかなり有名だったようだ。

2. い形 (終止形) ようだ / みたいだ

1) 外はかなり寒いようだ。
2) この料理はあまりおいしくないようだ。誰も食べていない。
3) 駅前のマンションは家賃が高くて誰も契約しなかったようだ。

3. 動 (終止形) ようだ / みたいだ

1) 熱がある。どうも風邪をひいたようだ。
2) あの先生の授業でAをもらう学生はほとんどいないようだ。
3) A : なんかサイレンの音がうるさいですね。
   B : ええ、近くで事故があったようですよ。

練習

*「~ようだ(みたいだ)」를 사용하여 다음 글을 일본어로 옮기시오.

1) 대학 4년간은 긴 것 같지만 짧다.

2) 야마다 씨는 오늘 기운이 없어 보인다.

3) 아무래도 요즘 경기가 좀 안 좋은 것 같습니다.

4) 김선생님은 성실하고 자상한 사람을 좋아하는 것 같아요.

5) 오늘 오전 3시에 지진이 있었는데 다행히 다친 사람은 한 사람도 없는 것 같습니다.

ことば

- 地震　ぐっすり　眠る　気づく　震度　それほど　けが　何人　幸い　機関　被害　通学　ほとんど　影響　大騒ぎ　鈍感だ　大地震　備える　常備薬　非常食　持ち出す　もしも　役立つ　防災グッズ　離れ離れ　あらかじめ　待ち合わせ　決める
- 家賃　契約する　どうも　サイレン　うるさい　近く　事故

第32課

二つの意味

日本語の「~らしい」には 二つの意味があります。

(1) 犯人は男らしい。

(2) 彼は男らしい。

(1)と(2)は、どちらも「名詞+らしい」ですが、意味は違います。(1)の「~らしい」は「犯人は男のようだ」という意味を表し、(2)の「~らしい」は「彼は本当に男と呼ぶのにふさわしい」という意味を表します。

それでは、次の文の「~らしい」はどちらの意味になるのか考えてみましょう。

(3) この本は山田君のらしい。　(　　　)

(4) いつもの山田君らしくない。　(　　　)

ちなみに、会話では「らしい」の前の表現を省略して「らしい」だけで言うこともあります。

(5) A：ね、知っている？美香ちゃん、結婚するんだって。
　　B：<u>らしい</u>ね。

このように「らしい」は見たり、聞いたりしたことに対する自分の考えを表す表現です。そのため「聞いた話だから、よく分からないけど」という曖昧さを持つのが特徴です。

語法

* 名詞(～, 終止形)
　な形(～, 終止形)
　い形 終止形
　動詞 終止形
　} らしい 〈추정표현(推定表現)〉

「学生・学生ではない・学生だった・学生ではなかった…」らしい。
「静か・静かではない・静かだった・静かではなかった…」らしい。
「強い・強くない・強かった・強くなかった…」らしい。
「行く・行かない・行った・行かなかった・行きたい…」らしい。

*「名らしい(名)」〈전형(典型)〉 '-다운 (명사)'

文 型

1. 名(~, 終止形) らしい

〈추정표현〉

1) あの車はどうも故障らしい。
2) ここは昔公園だったらしい。
3) あそこでお茶を飲んでいる方は、韓国の有名な作家らしい。

〈전형〉

1) あれは大人らしくない行動だ。
2) 日本語らしい日本語を話すのはかなり難しい。
3) 彼女は今日、女性らしいワンピースを着ています。

2. な形(~, 終止形) らしい

1) 朴さんは甘いものが大好きらしい。
2) この辺は夜も静かではないらしい。
3) 日本では初対面の人に年齢を聞くのは失礼らしい。

3. い形(終止形)らしい

1) あのホラー映画はとても怖いらしい。
2) 山田さんの家は大学から遠いらしく、通学が大変だという。
3) 最近は、やりたいことがいっぱいあって、結婚を迷う女性が少なくないらしい。

4. 動(終止形) らしい

1) 朴さんは来月結婚するらしい。
2) 彼はとうとう彼女に告白したらしい。
3) 兄は卒業して海外で仕事をしたいらしい。

練習

＊「~らしい」를 사용하여 다음 글을 일본어로 옮기시오.

1) 그것은 일본인다운 생각이네요.

2) 다나카 씨는 돌아오지 않나 봐요.

3) 저 두 형제는 사이가 좋은가 봐요.

4) 부산에는 지금 눈이 내리고 있나 봐요.

5) 김선생님은 성실한 학생을 좋아하는 가 봐요.

ことば

- 犯人 名詞 違う 表す 呼ぶ ふさわしい それでは 文 ちなみに 省略する 知る このように 表現 そのため 曖昧さ 特徴
- 故障 公園 難しい ワンピース 辺 失礼だ ホラー とうとう 告白する 海外

第33課

積読

あなたは読書が好きですか。家にどのくらいの本がありますか。ひょっとして、買ったけれど一度も開いていないという本があるのではないでしょうか。

日本では、本を買っても机の上などに積んでおくだけで読んでいないことを「積読」と言います。「積んでおく」と「読書」の「どく」をかけた言葉です。この言葉は、もともと大正時代に流行った言葉だそうです。読書離れが進んでいる今日では、この言葉さえあまり耳にしなくなったような気もします。

しかし、一生懸命勉強しようと購入した問題集を解かないでそのまましまっておいたり、いつか読もうと思ってブログやサイトをお気に入りにたくさん登録しておいたりすることなども現代版「積読」です。

積読にはいろいろな意見がありそうです。「積んでおくだけで、読まないのはもったいない」、「読む分以上に買うのは経済的ではない」など否定的な意見も少なくなさそうです。

では、みなさんは「積読」についてどう思いますか。

語法

＊ な形（～）
い形（～）
動（～）
} そうだ 〈양태표현(様態表現)〉 '-인(한)것 같다'

「静かだ → この辺は静かそうだ。」
「おいしい → この料理はおいしそうだ。」
「降る → 雨が降りそうだ。」
※例外：「良い・いい→よさそうだ」・「ない→なさそうだ」

＊ 名 終止形
な形 終止形
い形 終止形
動 終止形
} そうだ 〈전문표현(伝聞表現)〉 '-라고 한다'

「学生だ・学生ではない・学生だった・学生ではなかった…」そうだ。
「静かだ・静かではない・静かだった・静かではなかった…」そうだ。
「強い・強くない・強かった・強くなかった…」そうだ。
「行く・行かない・行った・行かなかった・行きたい…」そうだ。

＊「動(〜o)う／(〜)よう」 '-해야지, -하자'

기본형 (基本形)		「~(よ)う」
-u動詞	読む (읽다)	読もう
-ru動詞	見る (보다)	見よう
する	する (하다)	しよう
くる	来る (오다)	来よう

文 型

1. ~そうだ〈양태표현〉

1) 先月結婚した二人は、とても幸せそうです。
2) みんなおいしそうにお弁当を食べている。
3) 海でおぼれそうになったことがあります。

2. ~そうだ〈전문표현〉

1) 森さんのおじいさんはとても有名なお医者さんだそうだ。
2) あの先生はたばこが嫌いだそうです。
3) 今年の冬は例年に比べて寒さが厳しいそうです。
4) 友だちは来年から日本の会社で働くそうだ。

3. 動(~o)う / 動(~)よう

1) 来年、海外旅行に行こう。
2) あしたの朝は早く起きて、早く出かけよう。
3) 留学試験に合格するために、一生懸命に勉強しよう。

練習

＊「～そうだ」를 사용하여 다음 글을 일본어로 옮기시오.

1) 같이 도시락을 먹자.

2) 이 도시락은 정말 맛있어 보인다.

3) 다나카 씨는 어제 이미 리포트를 냈다고 한다.

4) 일기 예보에 의하면 내일도 맑지 않다고 한다.

5) 나가기 전에 빨리 위장약을 먹는 것이 좋을 것 같다.

ことば

- 積読　ひょっとして　開く　積む　かける　大正　流行る　～離れ　今日　～さえ　耳にする　気がする　一生懸命　購入する　問題集　解く　そのまま　しまう　いつか　お気に入り　登録する　現代版　意見　もったいない　～分　経済的だ　否定的だ
- お弁当　おぼれる　働く

第34課

映画レビュー

ある町に住む男の主人公（秋穂巧）は、1年前に妻（秋穂澪）を亡くし、6歳の息子（秋穂佑司）と二人で暮らしています。澪は最後に「1年後の雨の季節に戻ってくる…」という言葉を残して亡くなりました。その言葉通り、それから1年後の梅雨のある日、2人の前に死んだはずの澪が現れました。2人は喜びましたが、澪は過去の記憶をすべて失ってしまっていたのです…。

この映画は、悲しいけれど幸せで、私にとって最高の映画です。これは、市川拓司の小説を映画化したラブストーリーで、タイムスリップという素材を使って家族の絆と愛を見事に綴っており、原作は100万部を超えるベストセラーとなったそうです。ほかにもこの小説はテレビドラマにも漫画にもなったようです。私はまだドラマも漫画も見たことがないのですが、機会があったらぜひ原作を読んでみたいと思いました。

語法

＊「動(～x, ～)たら」〈조건표현(条件表現)〉

「~て」「~た」「~たら」「たり」			「~たら」
-u動詞	書く(쓰다) 泳ぐ(헤엄치다)	「-く」→「い」て 「-ぐ」→「い」で	書いたら 泳いだら
	思う(생각하다) 待つ(기다리다) ある(있다)	「-う、-つ、-る」→「っ」て	思ったら 待ったら あったら
	死ぬ(죽다) 読む(읽다) 遊ぶ(놀다)	「-ぬ、-む、-ぶ」→「ん」で	死んだら 読んだら 遊んだら
	話す(말하다)	「-す」→「し」て	話したら
-ru動詞	見る(보다)		見たら
する	する(하다)		したら
くる	来る(오다)		来たら

＊「動(～x, ～)たはず」 '-했을 터'

＊「動(～x, ～)てしまう」 '-해 버리다, -하고 말다'

＊「動(～x, ～)たことがある／ない」〈경험〉 '-한 적이 있다/없다'

＊「～にとって」 '-에게 있어서'

文型

1. 動 (~x, ~) たら

1) 夜遅くまで外で遊んだら風邪をひきますよ。
2) 雨が降ったら、テニスの試合は中止になります。
3) 日本では20歳になったらお酒を飲むことができます。

2. 動 (~x, ~) たはず

1) この辺に花屋さんがあるはずです。
2) かなり無理をして、体も疲れていたはずです。
3) かばんの中に入れたはずの携帯がどこにもない。

3. 動 (~x, ~) てしまう

1) あの自転車は故障してしまった。
2) 小学校のときの先生の名前をすっかり忘れてしまった。
3) お腹がすいていたので、ケーキを3つも食べてしまいました。

練習

＊「～たら」를 사용하여 다음 글을 일본어로 옮기시오.

1) 비가 오면 가지 않겠다.

2) 3시간이 지나면 한번 더 전화해 주세요.

3) 이 일이 끝나면 조금이라도 쉴 수 있다.

4) 술을 마시면 운전(運転(うんてん))을 해서는 안 됩니다.

5) 기회가 있으면 아주 슬프고도 아름다운 러브스토리를 써보고 싶습니다.

ことば

- レビュー　住む　主人公　妻　亡くす　息子　暮らす　戻る　残す　～通り　それから　梅雨　死ぬ　現れる　喜ぶ　過去　記憶　失う　悲しい　ラブストーリー　タイムスリップ　素材　絆　愛　綴る　原作　超える　ベストセラー　漫画
- お酒　入れる　小学校　忘れる　お腹がすく

第35課

日本の俗信

俗信とは、昔から世間に広く伝わってきた教えや禁忌などのことを言います。単なる迷信と考えることもできますが、祖先たちの生活の知恵を反映しているものもあります。また、俗信はもともと生活に密着しているものであるため、動植物や自然現象などに関するものが多いのも特徴の一つです。

茶柱が立つと縁起がいい。
食事をした後すぐ横になると牛になる。
あまがえるが鳴くと雨になる。
猫が顔を洗うと雨になる。

ところで、上に挙げた俗信に共通する表現は何でしょうか。
そうです。「～と」です。
このように、「～と」は、一つの出来事がきっかけとなって別の出来事が起こる時によく使うのです。みなさんも「～と」を使っている表現を探してみてください。

語法

＊「動(～u, ～ru)と」〈조건표현(条件表現)〉

基本形		「~ と」
-u動詞	行く(가다)	行くと
-u動詞	見る(보다)	見ると
する	する(하다)	すると
くる	来る(오다)	来ると

＊「～とは(というのは)…のことを言う(ことである)」〈설명(説明)〉

'-라는 것은 …을(를) 말한다'

文 型

1. 動(~u, ~ru)と

1) 1に5を足すと6になります。
2) 人口が多くなるといろいろな問題が起こります。
3) お金を入れてからこのボタンを押すと切符が出てきます。

2. とは(というのは)…のことを言う

1) 「さつき」というのは5月のことを言う。
2) パソコンというのは、パーソナルコンピューターのことを言う。
3) 「ながら族」とは、何かをしながら別のことをする人のことである。

練習

＊「~と」를 사용하여 다음 글을 일본어로 옮기시오.

1) 봄이 오면 꽃이 핀다(咲く).

2) 술을 마시면 몸에 열이 납니다.

3) 아침 일찍 일어나면 기분이 좋다.

4) 가을이 되면 단풍이 아름다워집니다.

5) 나이를 먹으면 옛날이 그리워집니다.

ことば

- 俗信　世間　広い　伝わる　禁忌　単なる　迷信　祖先　知恵　反映する　もともと　密着する　動植物　自然　現象　茶柱　立つ　縁起　横になる　牛　あまがえる　鳴く　からす　顔　洗う　ところで　挙げる　共通する　表現　出来事　別　起こる　探す
- 足す　ボタン　押す　~族　別　咲く

第36課

相撲の見物

大林さんと留学生の李さんが今度の日曜日、相撲の見物に行く相談をしています。

李さん、日曜日暇だったら相撲見物に行きませんか。

—相撲見物ならぜひ一度行ってみたいですね。

今度の日曜日は千秋楽ですから、一緒に行きましょう。この秋場所では誰が優勝するんでしょうね。私は一度、横綱の土俵入りを見たことがありますが、立派なものです。

— 僕は、テレビでだったら見たことがあります。ところで、相撲は国技館でやっているんでしょう。電車ならどう行ったら一番便利ですか。

そうですね。国技館は両国(りょうごく)だから秋葉原(あきはばら)などで乗り換えてJR

総武線(そうぶせん)で行きます。JR両国駅の西口改札口を出て、右側に道なりに進みます。

— ところで、チケットはどうしたらいいでしょうか。相撲のチケットは手に入れるのが難しいそうですが…。

あ、チケットなら心配要りません。相撲が好きなら、招待券を2枚くれるという人がいます。

— それはありがたいですね。僕はテレビでしか相撲を見たことがないから、相撲を生で見るのは初めてです。今からどきどき、わくわくしています。

語法

＊「名なら(ば)」〈조건표현(条件表現)〉

「学生 → 学生なら」
「あした → あしたなら」

＊「名だったら」〈조건표현(条件表現)〉

「学生 → 学生だったら」
「あした → あしただったら」

＊「動(〜u, 〜ru)なら」〈조건표현(条件表現)〉

基本形		「~なら」
-u動詞	行く(가다)	行くなら
-ru動詞	見る(보다)	見るなら
する	する(하다)	するなら
くる	来る(오다)	来るなら

＊「〜を通して」‘-을(를) 통해서’

文型

1. 名なら

1) あさってなら家にいます。
2) 英語なら自信があります。
3) A:車の鍵はどこ?
   B:車の鍵なら机の上の小さいボックスの中に入れてありましたよ。

2. 名だったら

1) 無理だったら止めましょう。
2) 「量」と「質」、あなただったら、どちらを選びますか。
3) 世界がもし100人の村だったら、48人が男性、52人が女性だという。

3. 動(~u, ~ru)なら

1) 来るなら電車の方が便利で早いです。
2) 発表会をするなら早く準備を始めましょう。
3) A:ちょっと買い物に行ってくる。
   B:買い物に行くならついでに風邪薬も買ってきて。

練習

＊「~なら」 또는 「~だったら」를 사용해서 다음 글을 일본어로 옮기시오.

1) 당신이 간다면 저도 가겠습니다.

2) 오사카라면 저도 간 적이 있습니다.

3) 그 일이라면 이미 잘 알고 있습니다.

4) 부모님으로부터의 선물이라면 소중하게 하지 않으면 안 된다.

5) 영어를 전공한다면 연수는 미국으로 가는 편이 좋다고 생각합니다.

ことば

- 見物　千秋楽　優勝する　土俵入り　国技館　両国　秋葉原　乗り換える　総武線　西口　改札口　右側　道なり　チケット　手にいれる　心配　要る　招待券　くれる　生　どきどき　わくわく
- 鍵　ボックス　止める　量　質　選ぶ　もし　ついでに

第37課

天王山

日本は昔から野球が盛んでした。テレビでは、毎日プロ野球の試合を中継しています。日本のプロ野球は、セントラルリーグとパシフィックリーグの二つに分かれています。以前は、各リーグでペナントレースを行っていましたが、今は交流戦といって両リーグ間の試合もあります。「日本一」を決める「日本シリーズ」の期間になれば、日本全体が野球の話題で盛り上がります。

一方で、サッカーは1993年から「Jリーグ」というプロサッカーリーグがスタートしました。「2002年ワールドカップ」の韓日共同開催によって一気に人気が高まりました。主に水曜日と週末に試合があります。「Jリーグ」では1部のチームでも成績が悪ければ、2部に落ちます。

勝敗を決定する重大な分かれ目を「今シーズンの天王山」と呼んだりします。今夜はプロ野球とJリーグの両方の天王山です。

今から急いで帰れば、試合開始に間に合う。さあ、どちらを見ようかな。

語法

＊「い形 (～け)れば」〈조건표현(条件表現)〉

「良い → <u>良ければ</u>」
「暑い → <u>暑ければ</u>」

＊「動 (～e, ～れ)ば」〈조건표현(条件表現)〉

기본형 (基本形)		「~ば」
-u動詞	行く (가다)	行けば
-ru動詞	見る보다)	見れば
する	する(하다)	すれば
くる	来る(오다)	来れば

文型

1. い形 (~け) れば

1) 終りがよければすべてよし。
2) 楽しければ楽しいほど、時間が経つのが早い。
3) 天気が悪ければ、試合は中止になるかもしれない。

2. 動 (~e, ~れ) ば

1) この説明書を読めば分かります。
2) 午後、もし晴れれば出かけよう。
3) 学生時代、もっと勉強しておけばよかった。
4) ここに来れば、気持ちが爽やかになります。

練習

* 「~ば」를 사용해서 다음 글을 일본어로 옮기시오.

1) 도서관에 가면 그 사람을 만날 수 있습니다.

2) 시간이 있으면 영어와 불어도 공부하고 싶다.

3) 슬프고 외로울 때 이 영화를 보면 행복해집니다.

4) 알레르기 있는 경우에는 이 약을 먹으면 좋아집니다.

5) 아버지는 서울에 가면 언제나 우리들 선물을 사 온다.

ことば

- 天王山　盛んだ　プロ　中継する　分かれる　以前　交流戦　期間　全体　一方　韓日　開催　一気に　高まる　落ちる　勝敗　決定する　重大な　分かれ目　呼ぶ　今夜　急ぐ　開始　間に合う　さあ
- もっと

第38課

日本の鉄道

日本は鉄道がとても発達している。鉄道にはJR株式会社が運営するJR線と、都道府県や市などが運営する線、民間の鉄道会社が運営する私鉄線などがある。1927年、上野(うえの)—浅草(あさくさ)間に日本初の地下鉄ができて以来、今では東京の路線数や駅数は、世界の大都市の中で最も多いだろう。

現在、東京にはJR線、東京メトロ、都営地下鉄、それからいくつかの私鉄がある。さらに、都心から郊外に向かっては、様々な路線が放射状に延びている。ほとんどの私鉄は地下鉄と直通運転を行っているので、 乗り換えも簡単である。

また、日本では、すべての駅に止まる各駅停車と、主な駅だけに止まる特急、快速、急行があり、後者を利用すると時間の節約になる。そのため、市内へ出かけようとする場合は、特急を利用すると一番早くて便利だろう。

語法

＊名
な形（～）
い形（～い）
動（～u、～ru）

→ だろう〈추량표현(推量表現)〉'-일(할) 것이다'

	기본형(基本形)	보통체(普通体)	정중체(丁寧体)
名	本	本だろう	本でしょう
な形	便利だ	便利だろう	便利でしょう
い形	強い	強いだろう	強いでしょう
動	降る 晴れる する 来る	降るだろう 晴れるだろう するだろう 来るだろう	降るでしょう 晴れるでしょう するでしょう 来るでしょう

文 型

1. ~だろう

1) この仕事が終わるのは来月末だろう。
2) あの女の子は3歳ぐらいだろう。
3) 彼はお金持ちになって幸せだろうか。
4) 北の国は今もまだ寒いだろう。
5) 来年の今ごろはもっと忙しいだろう。
6) 今度の試験にはどんな問題が出るのだろう。
7) あしたの午後は暇だろうから、遊びに来てもいい。

練習

＊「~だろう」를 사용해서 다음 글을 일본어로 옮기시오.

1) 그는 곧 돌아올 것이다.

2) 그 사람은 일본 사람일 것이다.

3) 11시니까 아이들은 벌써 자고 있겠지.

4) 친구와 함께 놀고 있어서 재미있을 거야.

5) 일본어를 처음 공부하는 사람에게 이 문제는 어려울 것이다.

ことば

• 鉄道　発達する　株式会社　運営する　～線　都道府県　民間　私鉄線　浅草　～間　～初　以来　路線数　駅数　大都市　メトロ　都営　地下鉄　さらに　都心　郊外　向かう　放射状　延びる　直通　止まる　各駅　停車　主な　特急　快速　急行　後者　利用する　節約　市内

第39課

日本の結婚式

先日、友だちが結婚式の招待状を送ってくれました。日本の結婚式を見るのは初めてなので、今からとても楽しみにしています。しかし、結婚祝いとして何をあげればいいのか、適当なものが見つからず、今大変悩んでいます。

日本の伝統的な結婚式といえば、真っ白の花嫁衣裳の新婦と羽織と袴を身にまとった新郎が三々九度の杯を交わす神前結婚式をイメージする人が多いのではないでしょうか。

しかし、今ではキリスト教式の挙式が過半数を占めるようになりました。これはウエデングドレス、ブーケ・トス、ライスシャワーなどの華やかな演出が若者たちの間で人気を集めているからです。

最近はハウスウエディングというのも注目を集めています。これは、貸し切りの一軒家で結婚式を行うものです。貸し切りのため、アットホームな雰囲気で、時間を気にせず、思う存分楽しんでもらいたいという新郎新婦にとても人気が高いです。

語法

＊〈수수표현(授受表現)〉

くれる ～てくれる (～てくださる)	[남이 나(내 영역의 사람)에게 주는 것]	田中さんは 私(妹)に 本を くれた。
		田中さんは 私(妹)に 日本語を 教えてくれた。
あげる ～てあげる (～てさしあげる)	[남이 나에게 주는 것] 이외의 사항	私は 田中さんに 本を あげた。
		私は 田中さんに 韓国語を 教えてあげた。
もらう ～てもらう (～ていただく)	받은 사람을 주어로 한 표현	私は 田中さんに 本を もらった。
		私は 田中さんに 日本語を 教えてもらった。

＊「動(～a, ～)ず(に)」〈부정 접속형(否定の接続形)〉

「使う → 使わず(に)」
「悩む → 悩まず(に)」

＊「～といえば」 '-라고 하면'

文型

1. 動(~x, ~) てあげる

1) 友だちに本を貸してあげた。
2) 妹に誕生日のプレゼントを買ってあげた。
3) ご飯ができたら呼んであげるから、もう少し待っていて。

2. 動(~x, ~) てくれる

1) 昨日社長が家まで送ってくださった。
2) すみませんが、ちょっと静かにしてくれませんか。
3) 田中先生が日本語の本を注文してくださいました。

3. 動(~x, ~) てもらう

1) 父に新しい携帯を買ってもらった。
2) 夜遅かったので、田中さんに駅まで送っていただきました。
3) クラスのみんなに少しずつお金を出してもらって、お祝いのプレゼントを買った。

練習

＊괄호 안의 동사를 사용하여 다음 글을 일본어로 옮기시오.

1) 멀리에서 와 줘서 고마워. (くれる)

2) 동생 숙제를 봐 주었습니다. (あげる)

3) 크리스마스에 그녀에게 선물을 사 주었습니다. (あげる)

4) 야마다 씨가 일본 영화 비디오를 빌려 주었다. (もらう)

5) 여러 가지로 준비해 주었는데 발표회가 중지가 되어 미안합니다. (もらう)

ことば

• 先日　結婚式　招待状　くれる　あげる　祝い　適当だ　見つかる　悩む　伝統的だ　真っ白　花嫁　衣裳　新婦　羽織　袴　まとう　新郎　三々九度　杯　交わす　神前　イメージする　挙式　過半数　占める　華やかだ　演出　注目　貸し切り　一軒家　気にする　存分　もらう

第40課

日本語の授業

日本語を習い始めて、もう一年近くになります。授業中は、できるだけ日本語を使っています。先生は、文法の説明をする時を除いてはすべて日本語でお話しになります。

先生は授業のはじめにはいつも前の時間の復習をさせます。本を閉じたまま、聞き取りの練習をさせます。それから、次の課に進みます。

まず、新しい言葉を私たちに聞かせます。そして、先生の後につづいて言わせます。間違っている発音は、何度も直させます。次に、それらの単語を使って、例文を聞かせます。私たちが分かるまで繰り返します。

基本的な文法の説明もなさいます。はっきり意味が分かるようになると、新しい文型を使って、単語を入れ替えながら質問をし、それに答えさせます。

聞き取りも、質問に答えることもできるようになった時、はじめて本を開かせます。そして、先生がゆっくりお読みになります。私たちは先生の後につづいて読みます。一人ずつ読ませることもあります。聞き取りによって、全部理解ができて、分からないところはほとんどありません。しかし、毎日復習をしなければ、せっかく習ったものも忘れてしまいます。また、書き取りの試験のためにも、繰り返し繰り返し覚えることが何よりも大切です。

語法

＊「動(〜a)せる／動(〜)させる」〈사역표현(使役表現)〉

기본형 (基本形)		「~(さ)せる」
-u動詞	読む(읽다)	読ませる
-ru動詞	食べる(먹다)	食べさせる
する	する(하다)	させる
くる	来る(오다)	来させる

※기본형이「〜う」로 끝나는 동사는「〜わせる」가 된다.

＊「お動(〜i, 〜)になる」〈존경표현(尊敬表現)〉

「読む → <u>お読みになる</u>。」
「休む → <u>お休みになる</u>。」

＊「動(〜i, 〜)始める」〈시작(始動)〉

「降る → 雨が<u>降り始める</u>。」

文型

1. 動(~a)せる / 動(~)させる

1) 母は赤ちゃんにミルクを飲ませた。
2) 先生は学生に新しい言葉を覚えさせました。
3) 彼のメールは私をびっくりさせました。
4) 妹にお弁当を持ってこさせました。

2. 動(~i, ~)になる

1) 社長がただいまお着きになりました。
2) 先生、金さんが今日欠席することをもうお聞きになりましたか。
3) A : ご主人はもうお帰りになりましたか。
   B : いいえ、まだ帰っておりません。

練習

* 다음 글을 일본어로 옮기시오.

1) 다시 한 번 만나게 해 주세요.

2) 오늘은 학생들을 일찍 귀가시켰습니다.

3) 선생님은 연구실에서 책을 읽고 계십니다.

4) 사장님은 최근 술이랑 담배를 끊으셨습니다.

5) 감기에 걸려 열이 높은 아이를 하루 쉬게 했다.

ことば

- 習う　できるだけ　除く　復習　閉じる　聞き取り　続く　課　間違う　発音　直す　例文　繰り返す　基本的だ　文法　なさる　はっきり　入れ替える　質問する　答える　開く　~ずつ　理解　せっかく　繰り返し
- ミルク　びっくり

第41課

成人式

日本では、二十歳になると成人と見なされます。選挙権が与えられ、飲酒や喫煙も許されるのです。

成人になった人たちを祝うために「成人の日」という祝日があります。法律では、「大人になったことを自覚し、自ら生き抜こうとする青年を祝い励ます日」として、1月の第2月曜日と定められています。この日、多くの地方自治体で「成人式」が行われ、正装に身を包んだ新成人たちに祝いの言葉を贈ります。

しかし「成人の日」や「成人式」に関する問題点もいろいろ指摘されています。その一つは、成人になった若者たちが実際は成人の意識を持っていないということです。1960年代まで新成人の大半は社会に出て働く社会人だったのですが、1970年代からは大学生の成人が増えたため、彼らは20歳になってもまだ社会的な責任を感じないというのが実情のようです。そのためか、最近では成人式の式典で大人気ない行為をしてしまう若者たちが現れるようになりました。

成人としての自覚を持たせるために設けられた成人の日でしたが、時代の変遷とともにその意義は認識されにくくなっているようです。

語法

＊「動(～a)れる ／動(～) られる」〈수동표현(受身表現)〉

기본형 (基本形)		「~(ら)れる」
-u動詞	読む(읽다)	読まれる
-ru動詞	食べる(먹다)	食べられる
する	する(하다)	される
くる	来る(오다)	来られる

※기본형이「~う」로 끝나는 동사는「~われる」가 된다.

※ 자동사의 수동형(自動詞の受身)

「降る → 雨に降られる。」

「泣く → 赤ちゃんに 泣かれる。」

＊「動(～i, ～)やすい／にくい」'-하기 쉽다/어렵다'

「食べる → 食べやすい。／食べにくい。」
「見る → 見やすい。／見にくい。」

文型

1. 動(~a)れる / 動(~)られる 〈수동표현〉

1) レポートの書き方について注意されました。
2) この本は海外でも広く読まれています。
3) 一日中雨に降られて風邪をひいた。

2. 動(~i, ~)やすい / にくい

1) この町は住みやすい(にくい)。
2) あの先生の話は分かりやすい(にくい)。
3) この万年筆はとても書きやすい(にくい)。

練習

*「~(ら)れる」를 사용하여 다음 글을 일본어로 옮기시오.

1) 이 지방에서는 맛있는 와인이 만들어지고 있다.

2) 이 책상과 의자는 초등학생 때부터 사용되었다.

3) 거리(街(まち))에서 모르는 사람이 말을 걸어 왔습니다.

4) 그녀는 아름답고 상냥하기 때문에 누구에게나 사랑받고 있다.

5) 바쁠 때에 손님이 와서 아무것도 할 수 없었다.

ことば

- 成人式　二十歳　見なす　選挙権　与える　飲酒　喫煙　許す　祝日　法律　自覚　自ら　生き抜く　青年　励ます　定める　地方　自治体　正装　身を包む　贈る　問題点　指摘する　実際　意識　大半　責任　実情　式典　大人気ない　行為　現れる　自覚　設ける　変遷　意義　認識する

第42課

教育のあり方

私は小さい頃からよく両親に「人の迷惑にならないように」、「小さなことにも心を込めてやるように」と聞かされました。父や母に言わせると、「腕白でもいいから丈夫に育って…」というような育て方はあまりにも身勝手な考え方だそうです。それは、腕白な子は近所の子供たちに乱暴をしたり、とかく人に迷惑をかけることが多いからです。

父は、いつも口ぐせのように「この世の中には自分の権利は出張するが、義務は果そうとしない者があまりにも多い。」と嘆いています。「お父さんの若い頃は、自分のすべきことはちゃんとやったものだ。」とずいぶん聞かされています。そう言われてみると、父の言い分にもかなりうなずかされるところがあるように思われます。

また、授業中にいたずらをしたり宿題を怠けたりすると椅子を高く持ち上げて立たせられたりしたそうです。厳しい先生の場合は、むちで叩かれたりすることさえもあったそうです。それでも、その生徒の両親にとやかく言われたりすることもなかったということです。

「教育のあり方」についてしみじみと考えさせられました。

語法

＊「動(～a)せられる／動(～)させられる」〈사역수동표현(使役受身表現)〉

기본형		사역	사역수동
-u動詞	読む(읽다)	読ませる	読ませられる 読まされる
-ru動詞	食べる(먹다)	食べさせる	食べさせられる
する	する(하다)	させる	させられる
くる	来る(오다)	来させる	来させられる

※기본형이「～う」로 끝나는 동사는「～わせられる」가 된다.

＊「動(～a)れる／動(～)られる」〈자발표현(自発表現)〉

「思う → 思われる。」

「案(あん)じる → 案じられる。」

文 型

1. 動(~a)せられる / 動(~)させられる

1) 駅前で30分も待たせられました(待たされました)。
2) 妹に高い携帯を買わせられました(買わされました)。
3) クラス会で歌を歌わせられました(歌わされました)。
4) 山田さんは買い物を買いに来させられました。

2. 動(~a)れる / 動(~)られる〈자발표현〉

1) 田舎の母のことが案じられる。
2) 明日は大雨になると思われます。
3) この音楽を聴いていると、昔のことが思い出される。

練習

*「~させられる」를 사용하여 다음 글을 일본어로 옮기시오.

1) 저 아이는 매일 걱정을 끼친다.

2) 열이 나서 약을 먹지 않을 수 없었다.

3) 어린 시절 엄마가 공부를 많이 시켰다.

4) 다음 주 영어 수업에서 발표를 하게 되었다.

5) 학생들의 말에도 여러 가지 생각하게 하는 점이 많다.

ことば

- 教育　あり方　迷惑　心　込める　育つ　腕白　丈夫だ　育て方　身勝手だ　考え方　近所　乱暴　とかく　迷惑をかける　口癖　世　権利　主張する　義務　果す　嘆く　～べき　言い分　うなずく　いたずら　怠ける　持ち上げる　むち　叩く　～さえ　生徒　とやかく　しみじみ　昨今

第43課

不眠症

「不眠症」というのを知っていますか。不眠症とは、よく眠れない、少しも眠れない、と本人が悩んでいる状態のことです。たとえよく眠っていても、本人が眠っていないといえば不眠症ということになります。また、仮に睡眠時間が4～5時間でも、本人が満足している場合には不眠症とは呼べません。

不眠症の症状は大きく4つに分けられます。

一つめは、「入眠障害」です。これは、眠るまでに時間がかかり、なかなか眠れないタイプです。このタイプの人は、一度眠ってしまえば、あとはよく眠ることができて、目覚めもいいです。

二つめは、「熟睡障害」です。これは、眠りが浅く、睡眠の途中で何回も目が覚めてしまい、眠った気がしないタイプです。

三つめの「早朝覚醒」は、眠る時には比較的さっと眠れますが、朝早く目が覚めてしまい、そのあと眠れないで困るタイプです。

最後は「中途覚醒」タイプです。このタイプの人は、寝ている時に何度も目が覚めてしまい、眠れなくなってしまうので、十分に寝た気がしません。

不眠症への対処は、まず、日常生活の中で気を配ることです。例えば、騒音や明るさを調節して眠りやすい環境を作ること、寝る前に濃いお茶やコーヒーを控えることなどです。人それぞれ原因やタイプも違いますから、医師に相談しながら不眠症治療を進めていくことが大切です。

語法

＊「動(～e)る／動(～)られる」〈가능표현(可能表現)〉'-할 수 있다'

기본형(基本形)		「~られる」
-u動詞	読む(읽다)	読める
-ru動詞	食べる(먹다)	食べられる
する	する(하다)	できる
くる	来る(오다)	来られる

※「らぬき言葉」:「食べられますか。 → 食べ(ら)れますか。」
「来られますか。 → 来れ(ら)ますか。」

＊「動(～a, ～)ないで」'-하지 않고'
「動(～a, ～)なくて」'-하지 않아서'
「食べる → 食べないで／食べなくて」
「見る → 見ないで／見なくて」

＊「動(～x, ～)ていく」'-해 가다'
「勉強する → 勉強していく。」

文型

1. 動 (~e) る / 動 (~) られる 〈가능표현〉

1) 朴さんは英語でメールが書けますか。
2) お腹いっぱいでこれ以上食べられません。
3) 世の中には治療できない病気もある。
4) あしたの朝7時までに会社に来られますか。

2. 動 (~a, ~) ないで

1) 私は休まないで100メートルぐらい泳げます。
2) 兄は今朝もご飯を食べないで出かけた。
3) 予約しないで行ったら、2時間も待たせられた。
4) 彼は来ないで、彼の妹さんが来た。

練習

＊다음 동사를 가능표현으로 바꾸시오.

기본형	가능표현	기본형	가능표현
1) 起きる(일어나다)		11) いる(있다)	
2) 食べる(먹다)		12) なる(되다)	
3) 行く(가다)		13) 帰る(돌아가다)	
4) 勉強する (공부하다)		14) 遊ぶ(놀다)	
5) 話す(말하다)		15) 休む(쉬다)	
6) 聞く(듣다)		16) 泳ぐ(헤엄치다)	
7) 見る(보다)		17) 予約する (예약하다)	
8) 来る(오다)		18)降る (비가 내리다)	
9) 寝る(자다)		19)覚える(외우다)	
10) 待つ(기다리다)		20) 会う(만나다)	

ことば

- 不眠症　本人　状態　たとえ　仮に　睡眠　満足する　症状　入眠　障害　目覚め　熟眠　浅い　途中　気がする　早朝　覚醒　比較的に　さっと　中途　十分に　対処　日常　気を配る　騒音　明るさ　調節する　環境　濃い　控える　原因　治療

第44課

日本語と私

2、3日前から、家に日本人のお客さんが来ておられます。父の友人で、なんでも会社のお仕事で来られたそうです。

私は、「初めまして。ようこそおいで下さいました」とごあいさつしました。すると、「初めてお目にかかります。お嬢さんのことはかねがね伺っておりました。しばらくお邪魔いたします。よろしく。」とおっしゃいました。

そこで、私は、学校の会話の時間に習った通り、「いいえ、何のお構いもできませんが、どうぞごゆっくり。」と申し上げて、自分の部屋に逃げ込んでしまいました。それは、その後の会話に自信がなかったからです。

父は、もともと私を自慢の種にしていたようです。それはともかく、自分の日本語が通じたので、とても嬉しくなりました。

日本語を習い始めた頃は、「日本語ってやさしいんだ」と頭から決めてかかっていたものです。でもこの頃は、それがとんだ思い違いだったということが分かってきました。つくづく「日本語って大変なんだなあ」と思われてなりません。

漢字がたくさん用いられている言語だから習いやすいと思いがちですが、必ずしもそうではありません。それに擬声語や擬態語、敬語の使い方など難しいところがたくさんあって、少し心配しています。もっともっと頑張らなければならないと思います。

語法

＊「動(〜a)れる／動(〜)られる」〈존경표현(尊敬表現)〉

기본형 (基本形)		「~(ら)れる」
-u動詞	書く(읽다)	書かれる
-ru動詞	辞(や)める(그만두다)	辞められる
する	する(하다)	なさる
くる	来る(오다)	来られる

＊「動(〜x, 〜)てならない」‘-해서 견딜 수 없다’

文型

1. 動 (~a) れる / 動 (~) られる 〈존경표현〉

1) 田中さんは用事で早く帰られました。
2) 先生はご自分の昔のことについてあまり話されません。
3) あの方は学生から質問される前に学生たちに質問された。
4) A : 奥さんもいっしょに来られましたか。
   B : いいえ、家内は風邪で来られませんでした。

練習

＊ 다음 동사의 존경어와 겸양어를 찾아 쓰시오. (복수표현 가능)

	존경어	겸양어
1) 行く		
2) いる		
3) 聞く		
4) 来る		
5)する		
6) 待つ		
7) 見る		
8) 言う		
9) 知る		
10) 食べる		

ことば

• 客　おる　友人　何でも　ようこそ　挨拶　お目にかかる　かねがね　伺う　そこで　構い　申し上げる　逃げ込む　自慢　種　通じる　嬉しい　決めてかかる　とんだ　思い違い　言語　必ずしも　擬声語　擬態語　敬語

부록

付録

1. 語法一覧

第1課

名です
名ではありません
名でも名でもありません
지시사 〈사물〉「これ・それ・あれ・どれ」

第2課

人称代名詞
지시사〈명사수식〉「この・その・あの・どの＋名詞」
「〜の〜」(名詞＋の＋名詞)

第3課

います／いません
あります／ありません
지시사 〈장소〉「ここ・そこ・あそこ・どこ」

第4課

い形(〜い)
い形(〜い)名
い形(〜い)です
い形(〜く)ありません。

第5課

名でした
名ではありませんでした
〜は名で、〜は名です。

第6課

な形容詞(〜な)名詞
な形(〜)です
な形(〜)ではありません。

な形(～)で
い形容詞(～く)て

第7課
動詞(～u, ～ru)名詞
動詞(～i, ～)ます
い形(～く)〈부사형(副詞形)〉

第8課
動詞(～i, ～)ません
動(～i, ～)〈중지형(中止形)〉
지시사 〈방향〉「こちら・そちら・あちら・どちら」

第9課
動(～i, ～)ましょう
動(～i, ～)ませんか

第10課
動(～i, ～)ました
動(～i, ～)ませんでした

第11課
な形(～)でした
な形(～)ではありませんでした
い形(～)かったです
い形(～)くありませんでした

第12課
動(～i, ～)ながら
지시사 〈속성〉「この・その・あの・どの」
な形(～)に 〈부사형(副詞形)〉

第13課
い形(～い)。
な形(～)だ。

第14課
〈추량표현(推量表現)〉

名 な形(～) い形(～い) 動(～u, ～ru)	でしょう

第15課
な形(～)だ／である
な形(～)ではない
い形(～く)ない

第16課
な形(～)になる
い形(～く)なる

第17課
〈희망표현(希望表現)〉
名がほしい
動(～i, ～)たい

〈이유・원인표현 (原因・理由表現)〉

な形(～)だ い形(～い) 動(～u, ～ru)	から

第18課

動(〜x, 〜)て

第19課

動(〜x, 〜)てください

第20課

動(〜x, 〜)ている

第21課

動(〜x, 〜)た

他動詞(〜x, 〜)てある

第22課

動(〜x, 〜)たり

第23課

名だった

な形(〜だっ)た

い形(〜かっ)た

第24課

な形(〜)ではなかった

い形(〜く)なかった

動(〜x, 〜)てみる

第25課

名ではなかった

動(〜u, 〜ru)ことができる

動(〜x, 〜)てくる

第26課

動(〜u, 〜ru)ほど

第27課

動(〜a, 〜)ない

第28課

動(〜a, 〜)なければならない

／なければいけない

お動(〜i, 〜)する

動(〜u, 〜ru)ように

第29課

動(〜x, 〜)てもいい

動(〜x, 〜)てはいけない

第30課

動(〜u, 〜ru)ところ

動(〜x, 〜)ているところ

動(〜x, 〜)たところ

第31課

〈추정표현(推定表現)〉

な形(〜な, 終止形)
い形(終止形)
動(終止形)
} ようだ(みたいだ)

第32課

〈추정표현 (推定表現)〉

名
な形(〜, 終止形)
い形(終止形)
動(終止形)
} らしい

第33課

動(～o, ～よ)う

〈양태표현 (様態表現)〉

な形(～)
い形(～)
動 (～i, ～)
} そうだ

〈전문표현 (伝聞表現)〉

名(終止形)
な形(終止形)
い形(終止形)
動(終止形)
} そうだ

第34課

動(～x, ～)たら

動(～x, ～)たはず

動(～x, ～)てしまう

第35課

動(～u, ～ru)と

第36課

名なら

名だったら

動(～u, ～ru)なら

第37課

い形(～け)れば

動(～e, ～れ)ば

第38課

〈추량표현 (推量表現)〉

名
な形(～)
い形(～い)
動(～u, ～ru)
} だろう

第39課

〈수수표현 (授受表現)〉

動(～x, ～)てやる

動(～x, ～)てくれる

動(～x, ～)てもらう

第40課

動(～i, ～)になる

〈사역표현 (使役表現)〉

動(～a)せる

動(～)させる

第41課

動(～i, ～)やすい／にくい

〈수동표현 (受身表現)〉

動(～a)れる

動(～)られる

第42課

〈사역수동표현 (使役受身受動)〉

動(～a)せられる

動(～)させられる

〈자발표현 (自発表現)〉

動(〜a)れる

動(〜)られる

第43課

動(〜a, 〜)ないで

〈가능표현 (可能表現)〉

動 (〜e) る 〈可能形〉

動 (〜) られる 〈可能形〉

第44課

〈존경표현 (尊敬表現)〉

動(〜a)れる

動(〜)られる

2. 語句索引

第1課

－ 日本語(にほんご)　これ　平仮名(ひらがな)　それ　片仮名(かたかな)　あれ　漢字(かんじ)　日本(にほん)　ソウル　韓国(かんこく)

－ 本(ほん)　ノート　机(つくえ)　何(なん)　鉛筆(えんぴつ)　ボールペン　万年筆(まんねんひつ)　はい　そうだ　いいえ　雑誌(ざっし)

第2課

－ 私(わたし)たち　私(わたし·わたくし)　学生(がくせい)　あなた　あの　人(ひと)　学校(がっこう)　この　みんな　友(とも)だち　方(かた)

－ ～さん　何(なん)の　英語(えいご)　花(はな)　桜(さくら)　誰(だれ)　どなた　僕(ぼく)　会社(かいしゃ)　社長(しゃちょう)

第3課

－ ここ　東京(とうきょう)　正解(せいかい)　どれ　首都(しゅと)　北(きた)　全部(ぜんぶ)で　～区(く)　あります　人口(じんこう)　～万(まん)　～人(にん)　以下(いか)　昔(むかし)　名前(なまえ)　江戸(えど)　ディズニーランド　上野(うえの)　動物園(どうぶつえん)　パンダ　います　温泉(おんせん)　ありません

－ 椅子(いす)　そこ　あそこ　何(なに)も　猫(ねこ)　たくさん　教室(きょうしつ)　今(いま)　誰(だれ)も

第4課

－ 四季(しき)　春(はる)　暖(あたた)かい　もう　寒(さむ)い　新(あたら)しい　スタート　季節(きせつ)　夏(なつ)　暑(あつ)い　とても　蒸(む)し暑(あつ)い　祭(まつ)り　花火大会(はなびたいかい)　多(おお)い　秋(あき)　涼(すず)しい　紅葉(もみじ)　美(うつく)しい　冬(ふゆ)　寒(さむ)い　こたつ　恋(こい)しい

－ 風(かぜ)　料理(りょうり)　おいしい　勉強(べんきょう)　楽(たの)しい　あまり　面白(おもしろ)い　レストラン

第5課

－ 父(ちち)　誕生日(たんじょうび)　旧暦(きゅうれき)　毎年(まいとし)　同

(おな)じ　日(ひ)　一昨年(おととし)　去年(きょねん)　今年(ことし)　来年(らいねん)　再来年(さらいねん)　でも　新暦(しんれき)

— 昨日(きのう)　おととい　開校記念日(かいこうきねんび)　休(やす)み　大学生(だいがくせい)　今日(きょう)　子供(こども)　正月(しょうがつ)

第6課

— 兄弟(きょうだい)　四人(よにん)　兄(あに)　姉(あね)　妹(いもおうと)　～歳(さい)　新聞社(しんぶんしゃ)　記者(きしゃ)　優(やさ)しい　真面目(まじめ)だ　大学院生(だいがくいんせい)　専攻(せんこう)　文学(ぶんがく)　少(すこ)し　マイペースだ　わがままだ　一年生(いちねんせい)　双子(ふたご)　性格(せいかく)　趣味(しゅみ)　正反対(せいはんたい)だ　仲(なか)良(よ/い)い　大好(だいす)きだ

— きれいだ　静(しず)かだ　好(す)きだ　トイレ

第7課

— しりとり　年上(としうえ)　女(おんな)　犬(いぬ)　次(つぎ)　来(く)る　年(とし)　始(はじ)まる　学期(がっき)　放送(ほうそう)　取材(しゅざい)　思(おも)いやり　ある　年下(とししした)　いっしょに　遊(あそ)ぶ　親(した)しい

— 記事(きじ)　行(い/ゆ)く　見(み)る　起(お)きる　食(た)べる　話(はな)す　聞(き)く　寝(ね)る

第8課

— さうなら　セール　～年間(ねんかん)　留学(りゅうがく)　生活(せいかつ)　終(お)わる　国(くに)　帰(かえ)る　それで　家電(かでん)　自転車(じてんしゃ)　など　安(やす)い　売(う)る　どれも　きず　ない　インチ(いんち)　テレビ　ノートパソコン　エアコン　別々(べつべつ)に　赤(あか)　連絡先(れんらくさき)　メール　受(う)け付(つ)ける

— 仕事(しごと)　家(いえ)　毎日(まいにち)　忙(いそが)しい　笑(わら)う　泣(な)く　そんな　本当(ほんとう)

第9課

— サークル テニス　エース　メンバー　初心者(しょしんしゃ)　経験者(けいけんしゃ)　いろいろだ　練習(れんしゅう)する　アットホームな　週(しゅ

う) ～回(かい) 水曜日(すいようび) 午後(ごご) ～時(じ) 半(はん) 土曜日(どようび) 午前(ごぜん) やる シングル ダブルス ゲーム まず 体験(たいけん) 参加(さんか) 始(はじ)める 歓迎(かんげい)する 最高(さいこう) 思(おも)い出(で) 作(つく)る
- そろそろ 図書館(としょかん) お茶(ちゃ)

第10課

- 風邪(かぜ)をひく 熱(ねつ) 一応(いちおう) 薬(くすり) 時間(じかん) 病院(びょういん) 食欲(しょくよく) 朝(あさ) 水(みず) ～だけ なんとなく 体(からだ) だるい 午前中(ごぜんちゅう) ゴロゴロ 来週(らいしゅう) 文化(ぶんか) 理解(りかい) 発表(はっぴょう) 進(すす)む また お休(やす)みなさい
- 頑張(がんば)る 映画(えいが) 試験(しけん) カラオケ 歌(うた)う まだ

第11課

- 一人暮(ひとりぐ)らし 引(ひ)っ越(こ)す 前(まえ) 楽(たの)しみ 初(はじ)めて 洗濯(せんたく) 掃除(そうじ) いっぱいだ 楽(らく)だ 最初(さいしょ) 一ヶ月(いっかげつ) 辛(つら)い 電話(でんわ) 親(おや) 声(こえ) ～たびに 涙(なみだ) 出(で)る 慣(な)れる 家族(かぞく) 時(とき) 一番(いちばん) 幸(しあわ)せだ やっぱり 安心(あんしん)だ
- 大変(たいへん)だ 運動(うんどう) 交通(こうつう) 便利(べんり)だ 全然(ぜんぜん) 有名(ゆうめい)だ 店(みせ) うどん わりあい 易(やさ)しい

第12課

- 性格(せいかく) 見方(みかた) 分(わ)かる どんな チャンネル 次々(つぎつぎ)と 変(か)える いちいち 評価(ひょうか)する クイズ 番組(ばんぐみ) 答(こた)え 言(い)う ずっと せっかちだ 短気(たんき)だ 気長(きなが)だ 考(かんが)える 明(あか)るい 厳(きび)しい 相手(あいて) 気遣(きづか)う 率直(そっちょく)だ 秘密(ひみつ) 守(まも)る 寂(さび)しがりや 過(す)ごす 増(ふ)やす

第13課

- 嫌(いや)だ 時間帯(じかんたい) ～代(だい) 女性(じょせい) ～名(めい)

平日(へいじつ)　もっとも　嫌(いや)だ　アンケート　結果(けっか)　～位(ぐらい)　通勤(つうきん)　ランチ　後(あと)　会議(かいぎ)　早(はや)い　眠(ねむ)い　しょうがない　など　答(こた)える　満員(まんいん)　電車(でんしゃ)　きつい　準備(じゅんび)　最後(さいご)　なんとなく　長(なが)い　感(かん)じる　お腹(なか)　いつ

第14課

一 天気(てんき)　予報(よほう)　九州(きゅうしゅう)　雨(あめ)　続(つづ)く　降水量(こうすいりょう)　以上(いじょう)　所(ところ)　現在(げんざい)　止(や)む　中国(ちゅうごく)　四国(しこく)　関東(かんとう)　西(にし)　風(かぜ)　ともに　強(つよ)い　夜(よる)　遅(おそ)く　近畿(きんき)　明(あ)け方(がた)　非常(ひじょう)に　激(はげ)しい　降(ふ)る　見込(みこ)み　回復(かいふく)　向(む)かう　晴(は)れる　爽(さわ)やかだ　雨雲(あまぐも)　ゆっくりと　東(ひがし)

一 先週(せんしゅう)　オープンする　きっと　上手だ　ファーストフード　試合(しあい)

第15課

一 箸(はし)　世界(せかい)　～割(わり)　手(て)　ナイフ　フォーク　食事(しょくじ)　食(た)べ物(もの)　違(ちが)い　関係(かんけい)　米(こめ)　麺(めん)　主食(しゅしょく)　つかむ　使(つか)う　こと　中国(ちゅうごく)　材質(ざいしつ)　使(つか)い方(かた)　木(き)　先(さき)　細(ほそ)い　骨(ほね)　魚(さかな)　スープ　すべて　テーブル　メインディッシュ　取(と)る　金属(きんぞく)　キムチ　焼(や)き肉(にく)　方(ほう)　スプーン　おかず

第16課

一 初夏(しょか)　すぐ　気温(きおん)　段々(だんだん)　高(たか)い　日差(ひざ)し　木(こ)の葉(は)　色(いろ)　一層(いっそう)　鮮(あざ)やかだ　小鳥(ことり)　さえずる　気持(きも)ち　吹(ふ)く　草(くさ)　朝露(あさつゆ)　きらきら　光(ひか)る　時期(じき)　アカシア　真(ま)っ盛(さか)り　追(お)う　人々(ひとびと)　蜂飼(はちか)い　蜂蜜(はちみつ)　集(あつ)める　川(かわ)　ほとり　山(やま)すそ　うずめる　みごとだ　もの

一 最近(さいきん)　この頃(ごろ)

第17課

ー 結婚(けっこん)　どう　思(おも)う　ぜひ　結婚(けっこん)する　その他(た)　どうして　専念(せんねん)する　独身(どくしん)　自由(じゆう)だ　ある〜　迷(まよ)う　最(もっと)も　大(おお)きな　理由(りゆう)　習(なら)い事(ごと)　大切(たいせつ)だ　いつ　しかし　相手(あいて)　かなり　現状(げんじょう)

ー 今度(こんど)　携帯(電話)(けいたいでんわ)　会(あ)う　覚(おぼ)える　怖(こわ)い　一日中(いちにちじゅう)　エアコン　必須(ひっす)だ　傘(かさ)

第18課

ー パソコン　近頃(ちかごろ)　オフィス　オートメージョン　〜化(か)　紙(かみ)　事務室(じむしつ)　コンピューター　研究所(けんきゅうじょ)　一般(いっぱん)　家庭(かてい)　ワープロ　打(う)つ　変換(へんかん)する　不思議(ふしぎ)だ　能率的(のうりつてき)だ　タイプライター　比べものにならない　大量(たいりょう)　文書(ぶんしょ)　処理(しょり)する　ホームバンキング　切符(きっぷ)　予約(よやく)　何(なん)でも　出来(でき)る　時代(じだい)　進歩(しんぽ)　ますます

第19課

ー 胃薬(いぐすり)　説明書(せつめいしょ)　正(ただ)しい　服用(ふくよう)する　効能(こうのう)　吐(は)き気(け)　胃(い)もたれ　消化(しょうか)　不良(ふりょう)　用法(ようほう)　用量(ようりょう)　食前(しょくぜん)　食後(しょくご)　大人(おとな)　〜砲(ほう)　未満(みまん)　注意(ちゅうい)　医師(いし)　薬剤師(やくざいし)　相談(そうだん)する　他(ほか)　アレルギー　妊娠中(にんしんちゅう)　〜後(ご)　かゆみ　使用(しよう)　中止(ちゅうし)する　湿気(しっけ)　少(すく)ない　保管(ほかん)する

第20課

ー 相撲(すもう)　毎週(まいしゅう)　授業(じゅぎょう)　持(も)つ　大相撲(おおずもう)　つもり　公式戦(こうしきせん)　本場所(ほんばじょ)　年間(ねんかん)　〜間(かん)　行(おこな)う　番付(ばんづけ)　選手(せんしゅ)　力士(りきし)　順位表(じゅんいおもて)　成績(せいせき)　決(き)まる　上(うえ)　階級(かいきゅう)　幕内(まくうち)　さらに　土俵(どひょう)　地面(じ

めん) 足(あし) 裏(うら) 以外(いがい) 部分(ぶぶん) 付(つ)く 場合(ばあい) 負(ま)け 相撲(すもう)を取(と)る 廻(まわ)し 身(み)につける 髪(かみ) ちょんまげ 結(ゆ)う

第21課

ー 夢(ゆめ) あっ 泥棒(どろぼう) アパート 着(つ)く 思(おも)わず 叫(さけ)ぶ 部屋(へや) 窓(まど)ガラス 割(わ)れる それに カーテン 破(やぶ)れる 用心(ようじん)する 見渡(みわた)す いつも 置(お)く なくなる もしかして お金(かね) 心配(しんぱい)だ 本棚(ほんだな) 大(おお)きい 国語(こくご) 辞典(じてん) 取(と)り出(だ)す 話(はなし) 隠(かく)す 悔(くや)しい 目(め)が覚(さ)める

第22課

ー 大阪(おおさか) 生(う)まれる 幼(おさな)い 両親(りょうしん) 亡(な)くす 祖父母(そふぼ) 下(もと) 育(そだ)つ 相次(あいつ)いで 亡(な)くなる 孤児(こじ) 日記(にっき)をつける 後(のち)に 作家(さっか) 目指(めざ)す 中学(ちゅうがく) 作品(さくひん) 送(おく)る 投稿(とうこう)する 高校(こうこう) 卒業(そつぎょう)する 英文学科(えいぶんがっか) 国文学科(こくぶんがっか) 移(うつ)る その後(ご) ノーベル賞(しょう) 授賞(じゅしょう)する 受賞式(じゅしょうしき) 講演(こうえん) 翌年(よくとし) 出来(でき)る 文学館(ぶんがくかん) 開館(かいかん)する

ー 買い物(かいもの)

第23課

ー 母校(ぼこう) 同窓会(どうそうかい) 訪(おとず)れる 様子(ようす) すっかり 変(か)わる 建物(たてもの) 増(ふ)える 数(かず) 一(ひと)クラス 雰囲気(ふんいき) 周辺(しゅうへん) ずいぶん ところが 車(くるま) クラクション 電車(でんしゃ) 音(おと) 騒(さわ)がしい 道(みち) 広(ひろ)い 立派(りっぱ)だ 面影(おもかげ) 裏山(うらやま) 緑(みどり) なお なつかしい

ー 俳優(はいゆう)

第24課

－ 茶道(さどう)　日常茶飯事(にちじょうさはんじ)　言葉(ことば)　珍(めずら)しい　意味(いみ)する　繰(く)り返(かえ)す　～前(まえ)に　茶菓子(ちゃがし)　形(かたち)　甘(あま)い　抹茶(まっちゃ)　泡(あわ)　味(あじ)　渋(しぶ)い　釜(かま)　茶碗(ちゃわん)　道具(どうぐ)　自分(じぶん)　お茶(ちゃ)をたてる　うまくいかない　過程(かてい)　作法(さほう)　簡単(かんたん)だ　印象深(いんしょうぶか)い

－小(ちい)さい　元気(げんき)だ　若(わか)い　うち　何(なに)か　やる　着(き)る　一度(いちど)

第25課

－ 回転寿司(かいてんずし)　日本食(にほんしょく)　ポピュラーだ　寿司(すし)　にぎり寿司(ずし)　ちらし寿司(ずし)　巻(ま)き寿司(ずし)　押(お)し寿司(ずし)　つい　庶民(しょみん)　日常的(にちじょうてき)だ　寿司屋(すしや)　余裕(よゆう)　登場(とうじょう)する　ベルトコンベアー　乗(の)る　回(まわ)る　取(と)る　天ぷら　そば　ケーキ　フルーツ　直接(ちょくせつ)　注文(ちゅうもん)する　値段(ねだん)　一目(ひとめ)　載(の)せる　小皿(こざら)

第26課

－ 職業(しょくぎょう)　将来(しょうらい)　男(おとこ)の子(こ)　野球(やきゅう)　学者(がくしゃ)　博士(はかせ)　サッカー　そして　医者(いしゃ)　大工(だいく)　パイロット　警察官(けいさつかん)　～屋(や)　消防士(しょうぼうし)　救急隊(きゅうきゅうたい)　順(じゅん)　女(おんな)の子(こ)　看護婦(かんごふ)　保育園(ほいくえん)　幼稚園(ようちえん)　ペット屋(や)　花屋(はなや)　連続(れんぞく)　トップ　学年(がくねん)　上(あ)がる　女子(じょし)　毎回(まいかい)　上位(じょうい)　男子(だんし)　比(くら)べる　ケアする　憧(あこが)れる　傾向(けいこう)

－ 古(ふる)い　観光客(かんこうきゃく)

第27課

－ 空(そら)　灰色(はいいろ)　暗(くら)い　黒(くろ)い　動(うご)く　降(ふ)る　それで　応援(おうえん)　出(で)かける　急(きゅう)に　強(つよ)い　一向

(いっこう)に　気配(けはい)　ぽつりぽつり　降(ふ)り出(だ)す　残念顔(ざんねんがお)　昼(ひる)　〜過(す)ぎ　まもなく　場内(じょうない)　アナウンス　流(なが)れる　延期(えんき)　仕方(しかた)ない　解散(かいさん)する

第28課

ー 寮(りょう)　規則(きそく)　共同(きょうどう)　暮(く)らす　配慮(はいりょ)する　行動(こうどう)する　関(かん)する　重要(じゅうよう)だ　知(し)らせる　外出(がいしゅつ)する　〜際(さい)　　必(かなら)ず　鍵(かぎ)　かける　外泊(がいはく)する　当日(とうじつ)　〜届(とど)け　寮長(りょうちょう)　出(だ)す　駐車場(ちゅうしゃじょう)　許可(きょか)　もらう　ごみ　きちんと　分別(ぶんべつ)する　所定(しょてい)　事項(じこう)　全員(ぜんいん)　快適(かいてき)だ　心(こころ)がける

ー 入(はい)る　荷物(にもつ)　おる　どうか　合格(ごうかく)する　うまくいく　祈(いの)る

第29課

ー 話題(わだい)　人気(にんき)　景気(けいき)　社会人(しゃかいじん)　変化(へんか)　初対面(しょたいめん)　無難(ぶなん)だ　冷(ひ)える　話(はな)しかける　芸能界(げいのうかい)　スポーツ　困(こま)る　スター　有名人(ゆうめいじん)　盛(さか)り上(あ)がる　特(とく)に　年齢(ねんれい)　学歴(がくれき)　宗教(しゅうきょう)　プライベート　楽(たの)しむ　共通(きょうつう)　見(み)つける

ー たばこ　吸(す)う　せい

第30課

ー 手紙(てがみ)　拝啓(はいけい)　一段(いちだん)と　深(ふか)まる　研修(けんしゅう)　経(た)つ　自信(じしん)　ホストファミリー　〜うちに　ホームステイ　きっかけ　目指(めざ)す　貴重(きちょう)だ　さて　間(あいだ)　発表会(はっぴょうかい)　写真(しゃしん)　公演(こうえん)　〜枚(まい)　〜目(め)　演奏(えんそう)する　見(み)せる　体(からだ)　どうぞ　気(き)をつける　敬具(けいぐ)

ー かかる　駅(えき)　ただ今(いま)

第31課

— 地震(じしん)　ぐっすり　眠(ねむ)る　気(き)づく　震度(しんど)　それほど　けが　何人(なんにん)　幸(さいわ)い　機関(きかん)　被害(ひがい)　通学(つうがく)　ほとんど　影響(えいきょう)　大騒(おおさわ)ぎ　鈍感(どんかん)だ　大地震(おおじしん)　備(そな)える　常備薬(じょうびやく)　非常食(ひじょうしょく)　持(も)ち出(だ)す　もしも　役立(やくだ)つ　防災(ぼうさい)グッズ　離(はな)れ離(ばな)れ　あらかじめ　待(ま)ち合(あ)わせ　決(き)める

— 家賃(やちん)　契約(けいやく)する　どうも　サイレン　うるさい　近(ちか)く　事故(じこ)

第32課

— 犯人(はんにん)　名詞(めいし)　違(ちが)う　表(あらわ)す　呼(よ)ぶ　ふさわしい　それでは　文(ぶん)　ちなみに　省略(しょうりゃく)する　知(し)る　このように　表現(ひょうげん)　そのため　曖昧(あいまい)さ　特徴(とくちょう)

— 故障(こしょう)　公園(こうえん)　難(むずか)しい　ワンピース(す)　辺(へん)　失礼(しつれい)だ　ホラー　とうとう　告白(こくはく)する　海外(かいがい)

第33課

— 積読(つんどく)　ひょっとして　開(ひら)く　積(つ)む　かける　大正(たいしょう)　流行(はや)る　～離(ばな)れ　今日(こんにち)　～さえ　耳(みみ)にする　気(き)がする　一生懸命(いっしょうけんめい)　購入(こうにゅう)する　問題集(もんだいしゅう)　解(と)く　そのまま　しまう　いつか　お気(き)に入(い)り　登録(とうろく)する　現代版(げんだいばん)　意見(いけん)　もったいない　～分(ぶん)　経済的(けいざいてき)だ　否定的(ひていてき)だ

— お弁当(べんとう)　おぼれる　働(はたら)く

第34課

— レビュー　住(す)む　主人公(しゅじんこう)　妻(つま)　亡(な)くす　息子(むすこ)　暮(く)らす　最後(さいご)　戻(もど)る　残(のこ)す　～通(どお)り　それから　梅雨(つゆ)　死(し)ぬ　現(あらわ)れる　喜(よろこ)ぶ　過去

(かこ)　記憶(きおく)　失(うしな)う　悲(かな)しい　最高(さいこう)　ラブストーリー　タイムスリップ　素材(そざい)　絆(きずな)　愛(あい)　綴(つづ)る　原作(げんさく)　超(こ)える　ベストセラー　漫画(まんが)
ー お酒(さけ)　入(い)れる　小学校(しょうがっこう)　忘(わす)れる　お腹(なか)がすく

第35課

ー 俗信(ぞくしん)　世間(せけん)　広(ひろ)い　伝(つた)わる　禁忌(きんき)　単(たん)なる　迷信(めいしん)　祖先(そせん)　知恵(ちえ)　反映(はんえい)する もともと　密着(みっちゃく)する　動植物(どうしょくぶつ)　自然(しぜん) 現象(げんしょう)　茶柱(ちゃばしら)　立(た)つ　縁起(えんぎ)　横(よこ)になる　牛(うし)　あまがえる　鳴(な)く　からす 顔(かお)　洗(あら)う　ところで 挙(あ)げる　共通(きょうつう)する　表現(ひょうげん)　出来事(できごと)　別(べつ)　起(お)こる　探(さが)す
ー 足(た)す　ボタン(ぼたん)　押(お)す　～族(ぞく)　別(べつ)　咲(さ)く

第36課

ー 見物(けんぶつ)　千秋楽(せんしゅうらく)　優勝(ゆうしょう)する　土俵入(どひょうい)り　国技館(こくぎかん)　両国(りょうごく)　秋葉原(あきはばら)　乗(の)り換(か)える　総武線(そうぶせん)　西口(にしぐち)　改札口(かいさつぐち)　右側(みぎがわ)　道(みち)なり　チケット　手(て)にいれる　心配(しんぱい)　要(い)る　招待券(しょうたいけん)　くれる　生(なま)　どきどき　わくわく
ー 鍵(かぎ)　ボックス　止(や)める　量(りょう)　質(しつ)　選(えら)ぶ　もし　ついでに

第37課

ー 天王山(てんのうざん) 盛(さか)んだ プロ 中継(ちゅうけい)する 分(わ)かれる　以前(いぜん)　交流戦(こうりゅうせん)　期間(きかん)　全体(ぜんたい)　一方(いっぽう) 韓日(かんひ) 開催(かいさい) 一気(いっき)に 高(たか)まる　落(お)ちる 勝敗(しょうはい) 決定(けってい)する 重大(じゅうだい)な 分(わ)かれ目(め) 呼(よ)ぶ　今夜(こんや) 急(いそ)ぐ 開始(かいし) 間(ま)に合(あ)う さあ
ー もっと

第38課

ー 鉄道(てつどう) 発達(はったつ)する 株式会社(かぶしきがいしゃ) 運営(うんえい)する ~線(せん) 都道府県(とどうふけん) 民間(みんかん) 私鉄線(してつせん) 浅草(あさくさ) ～間(あいだ) ～初(はつ) 以来(いらい) 路線数(ろせんかず) 駅数(えきすう) 大都市(だいとし) メトロ 都営(とえい) 地下鉄(ちかてつ) さらに 都心(としん) 郊外(こうがい) 向(む)かう 放射状(ほうしゃじょう) 延(の)びる 直通(ちょくつう) 止(と)まる 各駅(かくえき) 停車(ていしゃ) 主(おも)な 特急(とっきゅう) 快速(かいそく) 急行(きゅうこう) 後者(こうしゃ) 利用(りよう)する 節約(せつやく) 市内(しない)

第39課

ー 先日(せんじつ) 結婚式(けっこんしき) 招待状(しょうたいじょう) くれる あげる 祝(いわ)い 適当(てきとう)だ 見(み)つかる 悩(なや)む 伝統的(でんとうてき)だ 真(ま)っ白(しろ) 花嫁(はなよめ) 衣裳(いしょう) 新婦(しんぷ) 羽織(はおり) 袴(はかま) まとう 新郎(しんろう) 三々九度(さんさんくど) 杯(さかずき) 交(か)わす 神前(しんぜん) イメージする 挙式(きょしき) 過半数(かはんすう) 占(し)める 華(はな)やかだ 演出(えんしゅつ) 注目(ちゅうもく) 借(か)り切(き)り 一軒家(いっけんや) 気(き)にする 存分(ぞんぶん) もらう

第40課

ー 習(なら)う できるだけ 除(のぞ)く 復習(ふくしゅう) 閉(と)じる 聞(き)き取(と)り 続(つづ)く 課(か) 間違(まちが)う 発音(はつおん) 直(なお)す 例文(れいぶん) 繰(く)り返(かえ)す 基本的(きほんてき)だ 文法(ぶんぽう) なさる はっきり 入(い)れ替(か)える 質問(しつもん)する 答(こた)える 開(ひら)く ～ずつ 理解(りかい) せっかく 繰(く)り返(かえ)し

ー ミルク びっくり

第41課

ー 成人式(せいじんしき) 二十歳(はたち) 見(み)なす 選挙権(せんきょけん) 与(あた)える 飲酒(いんしゅ) 喫煙(きつえん) 許(ゆる)す 祝日(しゅくじつ) 法律(ほうりつ) 自覚(じかく) 自(みずか)ら 生(い)き抜(ぬ)く 青年

(せいねん)　励(はげ)ます　定(さだ)める　地方(ちほう)　自治体(じちたい)　正装(せいそう)　身(み)を包む　贈(おく)る　問題点(もんだいてん)　指摘(してき)する　実際(じっさい)　意識(いしき)　大半(たいはん)　責任(せきにん)　実情(じつじょう)　式典(しきてん)　大人気(おとなげ)ない　行為(こうい)　現(あらわ)れる　自覚(じかく)　設(もう)ける　変遷(へんせん)　意義(いぎ)　認識(にんしき)する

第42課

一 教育(きょういく)　あり方(かた)　迷惑(めいわく)　心(こころ)　込(こ)める　育(そだ)つ　腕白(わんぱく)　丈夫(じょうぶ)だ　育(そだ)て方(かた)　身勝手(みがって)だ　考(かんが)え方(かた)　近所(きんじょ)　乱暴(らんぼう)　とかく　迷惑(めいわく)をかける　口癖(くちぐせ)　世(よ)　権利(けんり)　主張(しゅちょう)する　義務(ぎむ)　果(はた)す　嘆(なげ)く　～べき　言(い)い分(ぶん)　うなずく　いたずら　怠(なま)ける　持(も)ち上(あ)げる　むち　叩(たた)く　～さえ　生徒(せいと)　とやかく　しみじみ　昨今(さっこん)

第43課

一 不眠症(ふみんしょう)　本人(ほんにん)　状態(じょうたい)　たとえ 仮(かり)に　睡眠(すいみん)　満足(まんぞく)する　症状(しょうじょう)　入眠(にゅうみん)　障害(しょうがい)　目覚(めざ)め　熟眠(じゅくみん)　浅(あさ)い　途中(とちゅう)　気(き)がする　早朝(そうちょう)　覚醒(かくせい)　比較的(ひかくてき)に　さっと　中途(ちゅうと)　十分(じゅうぶん)に　対処(たいしょ)　日常(にちじょう)　気(き)を配(くば)る　騒音(そうおん)　明(あか)るさ 調節(ちょうせつ)する　環境(かんきょう)　濃(こ)い　控(ひか)える　原因(げんいん)　治療(ちりょう)

第44課

一 客(きゃく)　おる　友人(ゆうじん)　何(なん)でも　ようこそ　挨拶(あいさつ)　お目(め)にかかる　かねがね　伺(うかが)う　そこで　構(かま)い　申(もう)し上(あ)げる　逃(に)げ込(こ)む　自慢(じまん)　種(たね)　通(つう)じる　嬉(うれ)しい　決(き)めてかかる　とんだ　思(おも)い違(ちが)い　言語(げんご)　必(かなら)ずしも　擬声語(ぎせいご)　擬態語(ぎたいご)　敬語(けいご)

3. 写真資料出典

写真素材足成 （http://www.ashinari.com/）	3課 東京タワーと東京の町並み／4課 富士山／5課 カレンダー／6課 下駄／8課 フリーマーケット／9課 テニス／10課 風邪／12課 リモコン／13課 目覚まし時計／15課 箸／16課 蜂と花／17課 結婚／18課 パソコン／19課 胃薬／21課 お金／24課 茶道／25課 回転寿司／26課 野球の写真／27課 サッカー／30課 ポスト／31課 地震／32課 はりこ／33課 古本／34課 映画館／35課 蛙／36課 両国駅前／37課 野球場の掲示板／38課 切符売り場／39課 神前結婚式／41課 振り袖／42課 猿／43課 眠る猫
Morgue free photos (http://www.morguefile.com/archive)	2課 日本人形／28課 分別ゴミ／29課 渋谷駅／44課 だるま
フリー写真素材　futta.net （http://www.futta.net/）	23課 学校／40課 教室
プロカメラマンのフリー写真素材 （http://pro.foto.ne.jp/）	1課 かるた
yahoo japan (http://weather.yahoo.co.jp/weather/)	14課 天気予報

動詞の活用表

	單純形									派生形					
	終止形				連結形					終止形					
	基本形	過去完了形	意志勸誘形	命令形	中止形	接續形	條件形	假定形	例示形	否定形	希望形	受動(受身)形	使役形	可能形	鄭重形
u動詞	書く	書いた	書こう	書け	書き	書いて	書けば	書いたら	書いたり	書かない	書きたい	書かれる	書かせる	書ける	書きます
	話す	話した	話そう	話せ	話し	話して	話せば	話したり	話したり	話さない	話したい	話される	話させる	話せる	話します
	泳ぐ	泳いだ	泳ごう	泳げ	泳ぎ	泳いで	泳げば	泳いだり	泳いだり	泳がない	泳ぎたい	泳がれる	泳がせる	泳げる	泳ぎます
	持つ	持った	持どつ	持て	持ち	持って	持てば	持ったり	持ったり	持たない	持ちたい	持たれる	持たせる	持てる	持ちます
	死ぬ	死んだ	死のう	死ね	死に	死んで	死ねば	死んだり	死んだり	死なない	死にたい	死なれる	死なせる	死ねる	死にます
	呼ぶ	呼んだ	呼ぼう	呼べ	呼び	呼んで	呼べば	呼んだり	呼んだり	呼ばない	呼びたい	呼ばれる	呼ばせる	呼べる	呼びます
	讀む	讀んだ	讀もう	讀め	讀み	讀んで	讀めば	讀んだり	讀んだり	讀まない	讀みたい	讀まれる	讀ませる	讀める	讀みます
	入る	入った	入ろう	入れ	入り	入って	入れば	入ったり	入ったり	入らない	入りたい	入られる	入らせる	入れる	入ります
	買う	買った	買おう	買え	買い	買って	買れば	買ったり	買ったり	買わない	買いたい	買われる	買わせる	買える	買います
ru動詞	食べる	食べた	食べよう	食べろ	食べ	食べて	食べれば	食べたり	食べたり	食べない	食べたい	食べられる	食べさせる	食べられる	食べます
	起きる	起きた	起きよう	起きろ	起き	起きて	起きれば	起きたり	起きたり	起きたり	起きたい	起きさせる	起きさせる	起きられる	起きます
「す「する」る」	(く)	(き)	(こ)	(こ)	(き)	(き)	(く)	(き)	(き)	(こ)	(き)	(こ)	(こ)	(こ)	(き)
	來る	來た	來よう	來い	來	來て	來れば	來たら	來たり	來ない	來ない	來られる	來させる	來られる	來ます
	する	した	しよう	しろ	し	して	すれば	したら	したり	しない	したい	される	させる	できる	します

形容詞の活用表

	單純形									派生形
	終止形			連結形						終止形
	基本形	過去完了形	推進形	連體形	連用形	接續形	條件形	假定形	例示形	否定形
い形容詞	あかい	あかかった	あかかろう	あかい	あかく	あかくて	あければ	あかかったら	あかかったり	あかくない
	うつくしい	うつくしかった	うつくしかろう	うつくしい	うつくしく	うつくしくて	うつくしければ	うつくしかったら	うつくしかったり	うつくしくない
	よい(いい)	よかった	よかろう	よい	よく	よくて	よければ	よかったら	よかったり	よくない
	ない	なかった	なかろう	ない	なく	なくて	なけ	れば	なかったら	なかったり
な形容詞	しずかだ	しずかだった	しずかだろう	しずかな	しずかに	しずかで	しずかなら	しずかだったら	しずかだったり	しずかで(は)ない
	有名だ	有名だった	有名だろう	有名な	有名に	有名で	有名なら	有名だったら	有名だったり	有名で(は)ない

「だ」,「です」の活用表

	終止形			連結形				終止形
	基本形	過去形	推進形	連用形	接續形	條件形	假定形	否定形
だ	(雨)だ	(雨)だった	(雨)だろう	(雨)に	(雨)で	(雨)なら	(雨)だったら	(雨)ではない
です	(雪)です	(雪)でした	(雪)でしょう	—	(雪)でして	—	(雪)でそたら	(雪)でじゃありません
ます	(行き)ます	(行き)ました	(行き)ましょう	—	(行き)まして	(行き)ますれば	(行き)ましたら	(行き)ません

현대 일본어 첫걸음

초판 1쇄 발행 2013년 2월 28일
초판 2쇄 발행 2018년 2월 20일
초판 3쇄 발행 2020년 3월 26일
초판 4쇄 발행 2023년 3월 10일

지은이	한국외국어대학교 일본학술도서편찬위원회
발행인	고윤성
기획	신선호 · 박경민
편집장	장혜정
도서편집	노재은 · 변다은
디자인	정정은 · 최선아 · 김대욱
인사행정	이근영
재무관리	김문규 · 정예찬
전자책 · 사전	변다은
발행처	한국외국어대학교 지식출판콘텐츠원 02450 서울특별시 동대문구 이문로 107 전화 02)2173-2493~7 FAX 02)2173-3363 홈페이지 http://press.hufs.ac.kr 전자우편 press@hufs.ac.kr 출판등록 제6-6호(1969. 4. 30)
디자인 · 편집	㈜ 이환디앤비 02)2254-4301
인쇄 · 제본	㈜ 케이랩 053)583-6885

ISBN 978-89-7464-823-7 18730 정가 14,000원

* 잘못된 책은 교환하여 드립니다.

HU:iNE 은 한국외국어대학교 지식출판콘텐츠원의 어학도서, 사회과학 도서, 지역학 도서 Sub Brand이다. 한국외대의 영문명인 HUFS, 현명한 국제전문가 양성(International+Intelligent)의 의미를 담고 있으며, 휴인(携引)의 뜻인 '이끌다, 끌고 나가다'라는 의미처럼 출판계를 이끄는 리더로서, 혁신의 이미지를 담고 있다.

이 책의 음원(mp3)은 한국외국어대학교 지식출판콘텐츠원 홈페이지(press.hufs.ac.kr) – 게시판 – 자료실에서 다운받아 사용하시기 바랍니다.